清末民初文獻叢刊

古文審

[清] 劉心源 著

朝華出版社
BLOSSOM PRESS

圖書在版編目（CIP）數據

古文審 / (清) 劉心源著. -- 北京 : 朝華出版社,
2018.8
（清末民初文獻叢刊）
ISBN 978-7-5054-4290-0

Ⅰ. ①古… Ⅱ. ①劉… Ⅲ. ①金文—研究—中國—古
代 Ⅳ. ①K877.34

中國版本圖書館CIP數據核字(2018)第151855號

古文審

作　　者 [清]劉心源

選題策劃 楊麗麗　尚論聰
責任編輯 趙　倩
特約編輯 孫　開　齊　芳
責任印制 張文東　陸競贏
封面設計 劉敬偉

出版發行 朝華出版社
社　　址 北京市西城區百萬莊大街24號　**郵政編碼** 100037
訂購電話 （010）68996618　68996050
傳　　真 （010）88415258（發行部）
聯系版權 j-yn@163.com
網　　址 http://zhcb.cipg.org.cn
印　　刷 藝堂印刷（天津）有限公司
經　　銷 全國新華書店
開　　本 880mm×1230mm　1/32　**字　　數** 132千字
印　　張 12.25
版　　次 2018年8月第1版　2018年8月第1次印刷
裝　　別 精
書　　號 ISBN 978-7-5054-4290-0
定　　價 92.00元

出版前言

中國自一八四〇年鴉片戰争以來，傳統的農業文明在西方的堅船利炮轟擊之下徹底被顛覆，有擔當的知識分子苦苦追尋，思索社會改革的途徑。從最初的『師夷長技以制夷』到『民主制度，天下之公理』（梁啓超語），他們發現要『强國富民』，首先要『開啓民智』，衹有民衆擁有了獨立思想和批判精神，國家纔能實現真正的强大。在此後一百年的時間裏（一八四〇—一九四九），思想者們從社會變革深入到國民性的改造，用每一部作品見證着中國近代化的遞變歷程。這是一個極其重要的時代，《清末民初文獻叢刊》正是收録了這一時期的作品，大部分書籍都是早期版本，有着極高的文獻研究價值。

清末的中國經歷了『三千年來未有之大變局』（李鴻章語），大清王朝面對西方列强的艦炮，表現得驚慌失措。尤其是鴉片戰争，使『天朝帝國萬世長存的迷信受到了致命的打擊，野蠻的、閉關自守的、與文明世界隔絶的狀態被打破了』（《馬克思恩格斯選集》）。一批士大夫知識分子，尤其是在歐美諸國擔任使臣或者游歷的知識分子最先覺醒，着眼于對西方國家的考察，進而反省本國政治制度的劣勢，可以視作『啓蒙』的端倪。如曾擔任駐英公使（兼任駐法公使）的郭嵩燾在《使西紀程》中以日記的形式記録了自己對歐西諸國的觀感，他在考察了英國的政治制度之後，發現英國政府官員收入超過三百磅者與普通老百姓一樣同等納税，他說：『此法誠善，然非民主之國，則勢有所不行。西洋所以享國長久，君民兼主國政故也。』他明確提出了『民主』，在國家的管理問題上，人民也有參與的權利。他在該書中所披露的西方政治、經濟、文化等領域優于大清帝國這一事實觸動了保守派的神經，立刻遭到保守派群起而攻之，進士何金壽彈劾他『有二心于英國，欲中國臣事之』，他家鄉湖南的民衆對他更是痛加詆毁，以至于滿城揭帖，誣蔑他『溝通洋人』，在這種群情洶洶的情况下，朝廷最後下旨將《使西紀程》毁版，從而使該書成了禁書。然而，書雖被毁版，却不能堵死民衆的傳播與閲讀的途徑，上海的《萬國公報》依舊連載該書，張佩綸曾說：『朝廷禁其書，而新聞紙接續刊刻，中外傳播如故也。』從某種意義上來說，啓蒙是時代的需要，盡管清政府發諭旨禁了該書，民衆乃至一些朝廷大員却依舊在私下閱讀，以便瞭解外部的世界。進步的社會是開放性的，任何企圖『閉關鎖國』的努力都意味着歷史的倒退，衹有開放，與整個世界文明保持同等的步伐，纔能實現真正的强國之夢。當大批知識分子走出閉鎖的國門，親歷了文明的洗禮之後，也就把啓蒙的智識帶回了中華大地。容閎的《西學東漸記》，梁啓超的《新大陸游記》，崔國因的《出使美日秘日記》等一大批作品介紹了海外諸國的政治、經濟、軍事、外交、文化。雖然這些作品在認識上仍然帶有時代的局限性，然而却是那時最爲珍貴的聲音。

另一方面，在學術上，中國文化母體内『經世致用』思想與資產階級思想相結合，也喚起了變革，以康有爲、梁啓超爲首的改良派試圖通過自上而下的革新以實現變革。康有爲的《新學僞經考》《孔子改制考》就是借經學之表論資產階級學説之裏的著作，康有爲的弟子梁啓超更是通過《新民説》一書提出國民性改造。與早期啓蒙者『師夷長技』的器物文明引進不同，梁啓超上升到形而上的精神領域，從文化心理上更加徹底地進行變革。梁氏是清朝末年到民國初年一個橋梁式的人物，被譽爲『輿論之驕子，天縱之文豪』，其影響力不但在學術領域，同時還在文學領域，他所倡導的『詩界革命』得到了譚嗣同、黄遵憲、丘逢甲等人的響應，黄遵憲的《日本雜事詩》，丘逢甲的《嶺雲海日樓詩鈔》都體現了這種主張。這一主張要求反映新的時代和新的思想，用『我手寫我口』（黄遵憲語）的方式直抒胸臆，對長期占詩壇主流的擬古主義、形式主義産生了巨大的衝擊，解放了寫作者的心靈和頭腦。

與社會變革同步的是早期對西方思想著作的翻譯，這裏面影響最大的是嚴復，他翻譯的《天演論》《社會通詮》等書直接孕育了民國一代的知識階層。魯迅、胡適等人在文章中都曾提到《天演論》對他們思想所産生的震撼。與嚴復略有不同的另一位翻譯家是林紓，他的譯作雖然參差不齊，但却在更細膩的心靈層次對讀者産生影響，許壽裳曾回憶，他和魯迅都熱衷于林譯的小説，如《巴黎茶花女遺事》《黑奴籲天録》《迦茵小傳》等作品。

辛亥革命之後，進步社會思潮成爲主流，比之清末思想啓蒙者『求存』的追求，民國以來的知識階層深入到了更加細微的肌理，一方面呼唤社會變革，另一方面進行點滴的建設，革命并不能使所有的一切一蹴而就，在更加深廣的領域，事物的改變是由微觀而宏觀。通俗地説，比之于革命，建設的意義更大。如《中國商業史》《中國教育史》《中國倫理學史》《中國哲學史大綱》《中國小説史略》等一大批作品都是進行系統的梳理與建設的理論作品。其中，以胡適和魯迅二人的影響最大，他們的作品一紙風靡，從而成爲新文化運動的主力人物。

《清末民初文獻叢刊》收録的文獻大致上可以分爲三個階段，其中龔自珍、張之洞、魏源、郭嵩燾、薛福成等人的作品可視爲『早期啓蒙』，康有爲、梁啓超、黄遵憲、嚴復、林紓等人的作品可視爲『中期啓蒙』，胡適、魯迅、蔡元培等人的作品可視爲『晚期啓蒙』。當然，這種劃分并非嚴格意義上的，大部分啓蒙思想者隨着時代的變化，其思想在不斷進步。縱觀整個近現代史，可以發現，要求變革不是在某一個領域，由某一類人發起和完成的，而是全社會的要求。

變革，已經成爲全社會的共識。

從清末民初的文獻中，我們能够發現一種豐富性。這些作品涉及政治、經濟、軍事、教育、外交、宗教、心理、情感等方方面面，從内而外地净化着中國兩千年以來的封建積習。它不衹是對社會的改造，更是對人心靈的重塑；它首重國家社會之建設，同時亦重靈魂心智之唤醒；它是宏大的，也是微觀的；它是嚴肅莊重的，也是活潑靈動的；這些作品結構精巧，思想内容深刻，擁有濃厚的人文主義色彩，對推動社會主義建設，實現中國夢有重大意義，是近現代中國一百年來最宏富的智識與情感的寶藏。因此，整理這些文獻作品，無論是出于資料保存的目的，還是爲圖書館提供資料副本，都有不可估量的意義。

特定時代下的文獻，當它一旦形成（既指草擬，創作的完成，也指其成爲一個載體），就不可再複製了，也就意味着它將面對消亡。對于文獻資料而言，越接近歷史事件發生的時代記録，越具有研究價值。文獻本身具有不可再生性，它祇會消亡，而不會增多。盡管文獻本身的文字可以保留下來，并進行傳播，却失去了當時的時代氣息。當時的作品可能在技巧上，文字的成熟度上不及當代，但它所負載的信息，創作者的情感都反映了當時的歷史，也就是説，它具有不可替代的歷史意義。

影印的版本有三個特點，第一是擁有文獻的『原始性』；第二個特點是『未經改動的』；第三個特點是『歷史的原貌』。所謂『原始性』，也就是説，它是第一手資料，而非轉述的，回憶形成的；『未經改動的』，是指未被篡改、删節、挖補的；『歷史的原貌』是指在影印製作過程中，完全依照文獻的原來模樣……這樣製作出版的作品，無异延續了文獻的壽命。

近現代思想史上的一個最重大的思潮就是『開放』，從林則徐的『開眼看世界』到蔡元培的『兼容并包』，都是在倡導一種開放式的胸襟。而《清末民初文獻叢刊》最有魅力的部分就是『開放』這一主題，祇有融入到世界文明發展的進程中，中華文明纔能歷久彌新。

《清末民初文獻叢刊》編委會

二〇一七年四月十四日

凡例

一、《清末民初文獻叢刊》（以下簡稱『叢刊』）爲影印本，舉凡所用之底本，均爲該書之早期版本。有清末刊本，亦有民國印本。

二、《叢刊》均依底本影印，未予删改，僅代表作者個人觀點，不代表官方立場；原刊本有誤，不予校改，以保留文獻之原貌。

三、《叢刊》所用之底本，因時日久遠存在漫漶的情況，均進行了修復；底本闕文、印刷不清，均保留原貌。

四、爲讀者閱讀之便，《叢刊》中之舊底本目録未標記頁碼者，編了目次；原底本有頁碼和目録，未予重複編目。

五、爲保持文獻的原始風貌，影印本保留了原書書影（原書爲多册，則保留第一册書影）、扉頁等信息。所用底本無相應信息者，則不予妄添，以免錯訛。

目録

古文審

古文審
八卷

光緒十有七年四月嘉魚劉氏龍江樓刊

自敘

三代篆迹大約兩派曰古文曰籒文其載在說文解字者可得而言者乃器刻之字原流迴絕難于盱衡余呂爲淺令目之皆曰古文而已有宋以來士大夫好搜古器凡夫柏寢磨室之隤英吉金元錄之故刻萬劫所救間叢山川勝儕結賞网羅日富先重屢纂賴呂不沫可謂盛矣然讀千錄記圖弢款識諸書釋文睹駁進〻字不成語〻不達意擠卷長喟以

古文器款自敘　自敘　一

為何艱深也及諸審篆形正復不尒是皆有存古文之功
而實不玄晦古文之弊盖歐劉二公意在博收古器於
字句未甚措意頗亦有謬黄王呂薛諸人不諳篆灋
文昧訓故彊作解事乎失也迺逮至阮吳諸彝華邃
於經術類能以古音古義相發明然亦有篆形全非
文意不協而彊以經注襍飾者支離武斷所不能免乃
至於作眉指之爲故冒山形譌舉釋卽
畀而云格上三矢卽尊而云亞中八足躡乖偅失莫之

䏧糾文气㥹塞職此之由明霸士郭秉詹亦器刻之
字紗在于解不可解鳥虖此證必出於淺人否亦不用
心之咎世三代器銘多爲乎賢之迹或當代詞人之作
乎時工匠世官然淩尒疋雖容雖依例成文亦不娓娓可誦
惟孳乳亦多備省變叚形叚聲假文叚僾要乎指
歸良非漫汗世儒泥性於時楷借訓陷溺於六朝以來之韻
部吕譯彼文將毋郁發品波斯之珍部邑演鹄天之曲
其不辂世幾何而猥吕可解不可解誣古人此古文之所吕

晦也夫前賢偶誤理待後訂庸爲諍友毋爲諛臣言衷公是掊擊非謂僕綮貧薄家鮮藏本迹未偕閱胥仰儕輩故所見無多亯帚挈缾自知淺短第就所瀏覽者隨文糾正得八卷爲名之曰古文審篆形文義兩者兼定玄無據之言絕拊會之病必使文從字順不背作者於所不知蓋闕如也

光緒十有七年夏四月朔日嘉魚劉心源撰

發明四則

古文有正俗二體其為廟堂之器或出聖賢之手或當代詞人所作亦有市中賣器依例為文正如今人寫典冊大文皆楷書不敢破省若施之碑碣欵文則偏旁點畫亦稍隨意古今人情不甚相遠知古人非無俗字也造作艁琱作𤔔皆不合六書而子孫萬壽等篆異形百出豈皆正體特以居其掛雖俗亦足今則無從辨耳又小篆多一形一聲之字古文多一形二聲者如始从女司台譎从言矞迊从辵匚羊𩛥从丮合虜𢍰从廾睪

射雝从隹呂雝揚从丮皇昜絕从㡯卩𢇍若斯之類孳乳緐

重通六書者自能意會至如單从甶亞从月農从田釐从來旂

从㫃若从叒敢从𣪘可訂小篆之謬秊作□頁作□木作

□凥作𡰪說文用為秃須禾𡰪斯又可徵小篆之變矣

讀古器銘必須篆形文義兩者兼定闕一即謬古無部首文吕意

通用彼之形即為此字如旅从㫃即吕㫃為旅輦从車即吕車

為輦禾為秊金為銖尸為尼雨為霸革為勒又為丑衣為卒

冂為冕聿為書乃及同乙甲在同十吕及百自夫大少小月

夕内入戍戍用周毋毋女孝壽考皆可通叚篆形如此而文義又
須如彼又若中尊之拜从手旁頁〻爲古文首字而形同馬寏簋
牧敢之疾爲厌井侯尊吳彝師遽敢之世爲止其省變往〻涉
于佗字而不覺兼定斯得否則難通
器銘有正例有變例正例惟一如鼎則云作寶鼎尊則云作寶尊之
類是也變例有二古人有諸器一時並作而總記于一器者或各器皆
如此而後人僅得此一器未可知也如大鼎云作盂鼎悉尊云作尊彝
卣公史彝云作尊彝鬲之類是也此變例一也又有本銘不言本

器而言佗器如魯公鼎師旦鼎麦鼎貉子卣琥卣皆云作尊彝
般尊殳卣大壺獸爵子鬲子甗皆云作彝遣小子敢云作鬻彝
戲伯鬲云作鬻諸女匜云尊彝此變之變者亦一例也釋解家
不能觀其通乃多枝詞良爲自擾
讀古篆必絕四弊而後本形本義叚形叚聲可得而言不諳篆灋
一弊也無論㠯隸楷求者失之酉即狃于小篆者亦滯形爲刊
[illegible]爲里馬山所某執皇通乎不明叚借二弊也古字無多臨文
不得其本體則㠯同形同聲者爲之旅輦即旅槤而讀爲旅車

楊休即揚休而讀爲埶休通乎不識古義三弊也假何㠯訓租養何㠯訓奉㠯何㠯訓与貞何㠯訓卜則當用漢唐師説無取宋元俗解矣不達古音四弊也旂何㠯斤聲邦何㠯豐聲瀍何㠯讀廢尊何㠯讀鄭執周沈李孫之韻部四聲相病狃顧段江苗之音學六經皆非可乎哉

例言六則

銘語必發全文小注所引器刻必錄本句俾讀者因文得義因義證形憭然知爲不誤吾見先輩所跋金石文字多不箸篆形自信之過遂至

沿譌如郳敵邢敵之中廷伯侯父盤遲父鐘之眉壽文義本通讀者亦忽若非見其篆形無由訂廷為阼訂眉為賢㠯此知有釋無篆之書非疋製也又如鐘鼎字原篆彙六書通諸書孫舉一字下注某器自㠯為篆形定矣而不知其誤收如玗入刋下山入屮下若非推求本句文義無由正玗為于正山為屮㠯此知集篆不引本句非疋製也啚論如此願告世之

編古篆者

既登原篆旁列舊釋々譌者㠯—識之糾正者即注其下釋未譌而讀解異者但注其下而不加—舊所未釋者㠯□識之己所不知者亦予釋

文下加小方空釋文皆點句讀俾覽者過目即得文意後幅詳為疏證引
用之書別列卷端
行中字數不必概依原式此編取之各家題下已標明出處原式自存彼書
此專為釋文訂譌義各有在耳若一字雖篆与兩字合篆及銘文當左
行讀者則仍依原式登之
篆文皆昔人手摹體格洪殺不盡如舊至于偏旁點畫欹正豊直銳圓枯
潤及剝文奴迹胥從所見本摹之不敢肊改示存真也無力僱鈔胥
小注亦自書之俗省纍纍自安而已

係題必以作器者為主原書題名誤者皆從文意更定而仍于題下注明某書作某名小注所引器銘亦從斯例而別列卷首注明某書某器以備檢證其題下無注及云或作某名者係舊購鐘鼎文卷冊拓摹兩體具有釋文不知何人所集係何名目故闕之又所見拓本無釋文者概不登入以原篆尚未為人所誣無須于訂至于引證篆形亦有取尒

器銘不分朝代緣當日賞鑑家各詡目力以品吉金同此一器兩人所編出入頗異由斯而談未必允當且商周篆灋不甚相遠疆分何據

蓋亦曰古器古篆而已晉人不識古器亦不好之而愛其篆瀶今

隨訂隨編昌類相從初非意爲後先

古文審卷首

徵引器刻

諸器所出之書甚多此但載其有篆文者隸書碑五附于後

雝鼎 歐書、考古、公諴鼎、博古、辥書、公緘鼎

宋君夫人鼎 考古、博古、辥書

史頌鼎 博古、辥書、史頭鼎

王伯鼎

娟氏鼎

叔液鼎

伯郄父鼎

䜌女鼎 竝博古、辥書

褱鼎 貞隱

亞鼎 古鑑、魯鼎

鼄鼎

婦鼎

伯龢鼎

孔鼎 竝古鑑

魯公鼎 博古、積古

夌鼎 博古、辥書復出、積古季娟鼎

父乙鼎 古鑑、積古

庚午父乙鼎

父己禹鼎　師旦鼎　師𩵦鼎

盃鼎 竝復齋 積古　亞守鼎　虎父丁鼎

孟申鼎　乙公萬壽鼎　戊寅父丁鼎

鬲攸从鼎　亞室父癸鼎　頌鼎

康鼎　亶鼎　旂鼎

牀夜鼎　牀單鼎　戎都鼎

孔安宮鼎 竝積古　曶鼎 積古 華編　無叀鼎 積古 華 編集山鼎

師器父鼎　明我鼎 竝筠清 古籀　且子鼎

毛公鼎茲古籀　盂鼎古籀拓本　肴父鼎拓本

大鼎　史頌鼎　令鼎

晉姜鼎　中鼎二器一引作南宮中鼎　穌卲妊鼎

伯晨鼎　庚媨鼎　小子𦋡鼎

史伯碩父鼎　冊命鼎　仲偁父鼎

王子吳鼎　墉夜君鼎茲本書

克尊考古小朝亭浚中尊博古辟書萃編高克尊　龍尊博古　讎尊古鑑文父尊

諸姰尊古鑑諸姬尊　伯龢尊　孔尊

鳳文尊　仲尊　癸公尊竝古鑑

般尊積古敔尊　叉尊積古邑尊　酎尊積古酎父乙尊

東䀠尊　刋宮尊　𢁒𢪃尊

嘉礼尊竝積古　仲束尊　咏尊竝筠清

吳尊古籀　萬諆尊　越季尊

亞尊　悉尊　中尊

井侯尊　生尊　吏尊竝本書

亞櫑古鑑　齊侯櫑本書

樂司徒卣 考古博古辟書　己卣 復齋　父丁卣 古鑑

亞卣 古鑑積古　㪤卣 積古博古辟書淮父卣　咎卣 積古咎父癸卣

父辛卣　丁琥卣 兹積古　月形卣 筠清

中𦃃卣　輦卣 兹古籀　農卣

壴卣　琥卣　貉子卣

𤏳卣　寡子卣 兹本書

亞父丁甗 復齋積古　獸甗 積古　矢亞甗 古籀

諸姛甗 本書

亞觶　子東觶竝古鑑　遂仲觶

父己觶竝積古　元祀觶筠清

父乙觚博古　奕觚博古薛書奕車觚　日壬觚古鑑祖工觚

兄觚古鑑　亞矢觚筠清於觚

亞肉古鑑　亞矢角拓本古籀丁未戊商角　大角筠清

舊彝考古兄癸彝博古薛書兄癸卣　伊彝薛書　㠱彝古鑑虞彝

井侯彝　魯侯彝　饕飻彝竝古鑑

父辛彝積古好父辛彝　靜彝積古繼彝　禽彝

三家彝
宂彝
庚姬彝
司土司彝
豦彝
向彝
然虎彝
日庚父癸彝
中義彝
袁彝
吳彝（並積古）
太保彝（積古筠清）
叟彝（筠清安作公白辛彝）
廣彝
十月彝
周彝（並筠清）
讐彝
縣妃彝
史棋邦彝
延彝
甬彝
毛伯彝
唐典彝
父甲彝（並本書）

㬅敢 考古博古薛書歐書龔伯彝

戠敢 考古薛書

周姜敢 考古伯百敢積古伯冏敢

舟虔敢

師望敢 並博古薛書

仲駒父敢 博古薛書古鑑積古

尨敢 薛書龍敢

魯士商䖒敢 古鑑魯士敢

友敢 古鑑丁邢敢

隭敢

癸亥敢

太公敢 並古鑑

伯司敢

師遽敢

頌敢

邦遣敢

遣小子敢

父乙敢

宄敢

貞敢

追敢 並積古

白旅敢 筠清警敢

牀宿敢 筠清牀寶敢

格伯敢

尨姞敦　遅敦竝筠清　己侯敦
師虎敦　師舍敦　公姒敦
亞矢敦　多父敦　師龢父敦
伯雝父敦　陳侯因資敦　叔向父敦
彔伯戎敦竝古籀　牧敦　大敦
邢敦　害敦　靜敦
敔敦　畢段敦　郱敦
召伯虎敦一作伯虎敦　師寰敦　師酉敦

嗀敦 並本書

召仲考父壺 考古群書古鑑　孟妃壺 古鑑鑄壺　孟戠壺 古鑑樊壺

孶壺 古鑑空壺積古周壺　婦壺 古鑑　祖己壺

明我壺　頌壺　大壺 並積古

殳季良壺 筠清古籀　史懋壺　仲伯壺

宗婦壺 並古籀

杜嬬鋪 考古博古群書劉公鋪　太公簠 博古群書考古太公缶　叡叔簠 古鑑餘簠古籀陳曼簠

陳逆簠　曾伯霥簠　冗簠 並積古

箕父簋 筠清伯箕父簋
鄀公簋
會士孚簋 兹古籀

狀家父簋
鑄公簋 兹本書

弡仲簋 考古博古薛書復齋積古張仲簋
攸簋 古鑑鋻簋
天錫簋

甲午簋
遅簋 兹積古
項爇簋 筠清

白孝𢿱簋
㝨簋 兹本書

帛女鬲 博古薛書復齋積古
戲伯鬲 積古
鄦伯鬲 古籀

伯愈父鬲
商女鬲 兹本書

角甗 古鑑 立旂甗
子甗 古鑑
𡧍甗 積古

雝甗本書

索姬盤古鑑齋姬盤　散氏盤積古華編　夢父盤積古品父盤

伯侯父盤　寰盤攈積古　太僕歸父盤筠清古籀

多父盤　虢季子白盤　兮白盤

兮田盤攈古籀　娟季盤拓本

伯元匜古鑑陳伯匜　諸女匜積古　叔媜匜筠清

單光生豆博古斝書單疑生豆　太師虘豆本書

田盉　井侯盉攈古鑑　絺王盉筠清古籀

齊侯罍 積古　子禾子釜　晉公盦 攈古籀

鄦子鐘 考古　遟父鐘 考古博古嘯書　盄龢鐘 嘯書考古秦銘勳鐘

齊侯鐘 博古嘯書　楚公鐘 復齋積古　宗周鐘 積古古鑑周寶鐘

叔氏鐘 積古外丁寶棽鐘　井外鐘 積古邢外鐘　邾公牼鐘 積古周公牼鐘

邾公望鐘 積古周公望鐘　楚良臣鐘 積古古籀僕兒鐘　虢叔鐘 筠清積古虢外大棽鐘

兮仲鐘 筠清　邾公鐘　沇兒鐘

虘鐘 攈古籀　叔弓鎛 本書一引作齊侯鎛鐘

秦斤 拓本　戈形句兵　元延鋗

徵引器刻

秦子戈　書言府弩機　中平洗（茲積古）

詛楚文　繹山刻石　泰山刻石

琅邪刻石　會稽刻石　石鼓文

碧落文　峿臺銘　謙卦篆

韓勅碑　衡方碑　尹宙碑

漢石經殘字　等慈寺碑（茲拓本）

古文審目錄

弟一卷

鼎文

弟二卷

鼎文

第三卷

尊文

弟六卷

敦文

弟七卷

𣪘文

弟八卷

簠簋豆鬲甗盤鎛文

古文審弟一

賜進士出身翰林院編修督理五城街道事務掌江南道監察御史劉心源學

鼎文

大鼎

惟十又五秊、三月既霸、丁

亥、王在□寢□候宮、大呂乃友

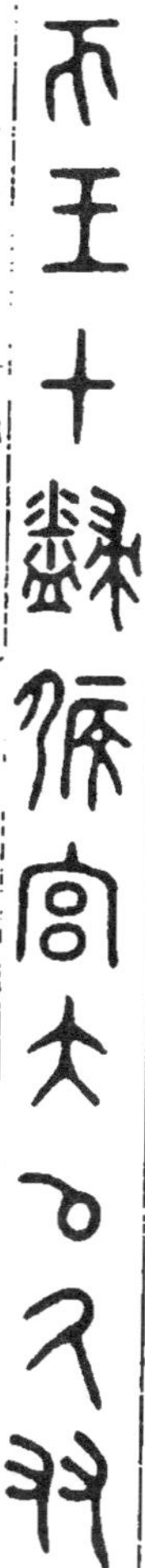

家守、王饗□醴、王詩善大、馭駛召

大呂乃友舉入戰、王召巫馬

應、命取瑀王馭□良馬山卅一所匹錫大、大拜

䭫首、對揚天子不顯休、

用作朕剌烈考己伯盂鼎、大其

子子孫孫萬年永寶用、

同治甲戌得此搨本于都肆与古鑑己伯鼎篆形畢肖項又得一搨本篆灋微異与筠清館大鼎合惟用為惟讀書雜志餘編老子夫佳兵不祥佳當為隹古文唯字也古鐘鼎文作隹石鼓文亦然古文四聲韻載道德經唯作雇案老子多用夫唯句灋王說足訂傳本之譌寢侯舊無釋筠清館作[illegible]㣊古籀補釋作歸脤案說文寢臥也从宀優聲優从人又持帚若埽之進又手也此从水皿帚即埽義从爪古文示字呂此知[illegible]从示从憂乃

古文祲字也此用為寑㾋从𠂆即人从疒即疾詳敉敔
寅簋文非文乃矢字空其中者矢即矢合之為㾋說文
㾋為嫉之正篆此用為疾大人名守舊釋作家非𠂤乃
友守者与其徒守衛王宮也儀礼鄉射礼各㠯其偶進
注㠯猶与也是也醴舊無釋乎用為評善大亦人名駛
舊釋作馭非此字右𠧪為吏𠕋蓋重內金石存㠯𠕋為
內字知吏㠯內為聲也毛伯彝𡨦䝨城古鑑鳳文尊云
駛作旅彝即駛字竝可證汗簡史部作駛說文新坿作
駛云疾也此駛召即疾召耳若馭則从又馬會意又古
文鞭字見說文令鼎王馭溓中毛伯彝㠯邦冢君徒馭
文義皆是馭說文馭為古文御是也鐘鼎家多𢯱今為
辨之人舊釋作舉此謬始于宋人吾見鼎尊卣鬲有孤
文作人者宋人率詮為舉于形義皆無可說彼孤文識
未敢浅此明是入小篆作人是也此銘文義亦協𢦏即
戰說文戰盾也乃干戈本字此用為扞詩干城左傳解
作扞城是也巫馬官名掌攻馬疾見周礼痽詳痽公鼎

即應字人名也筠清館篆作𢈋釋爲庭命本令字古通
用取筠清館篆作𤰈釋爲師北王馭二字合篆舊釋作
瑪呂爲从玉烏今槃玉字篆瀌不得作玨惟說文古文
王如此是王字也右𠓗从馬省从又即御之古文馭也
筠清館篆作𨂝釋爲駐良馬二字亦合篆舊無釋筠清
館篆作𨂝釋爲騶槃說文良古文作𥄉与此左𠓗肖是
良字也右𠓗馬字甚明卅匹舊釋作山一所槃博古圖
凡山𠙵皆釋作山所遂使文不可讀不知卅从三十古
文十戓作◆戓作丨將此三筆連其下即成山此卅字
兩𠓗从丨而中从◆也与山川字迥別山川字隸書作
山篆瀌汥不如此匹字見彔伯戎敦烈字呂剌爲之晉
姜鼎揚乃光烈亦用剌知剌即古辥字凡言𩐫烈酷烈
皆辥字也伯呂白爲之乃古文最初者筠清館釋作祖
誤仞白爲且也作己伯盉鼎者謂作盉作鼎也記盉于
鼎亙文耳舊說呂爲鼎口侈類盉夫乙公萬壽鼎云尊
鼎盉申鼎云𪔂彝將謂彼二鼎一侶尊一侶彝乎呂此

知釋文家坿會之失矣此銘蓋言王在寢疾宮中其臣名大者与其友守衛及王饗醴時王詩其臣名善大者速召大与其友来扞衛王吕大有扞衛功乃召巫馬之官名應者令取王所御用之良馬卅匹錫大〻榮君賜用作盂鼎也

冊命鼎

亞形中召夫室、父癸家 刊 桓、形 冊 命、
祖貝亞 宅 于

案愽古圖薛阮二欵識竝載此鼎篆瀆少異阮書乃其手搨本仝從纂入各家釋文多誤詳為正之凡古器多作亞字亦不一義有用為邊綫呂界其中字行及物象者如仝人槩書之有墨綫既非篆文亦無意義漢晉甎洗尚沿其迹故其形作亞亦作亞篆文皆在其中而外無一字如亞尊祖己壺之類是也有用為亞字者如亞父丁㠭亞守鼎婦赤及亞鼎之亞弓亞夫亞卣之亞策又有單一亞字如古鑑弟六亞鼎者或為人名或為次弟皆未可淩有用為酉之象形字者如遷仲觶之作父丁寶亞呂亞為酉而寘八屮於凡中蓋尊之變異者阮

氏乃釋為亞中八足迹形豈其然乎又有字行之中偶參一亞字而其中復作字者如虎父丁鼎則必當讀為亞不得云亞形中某某也此鼎亦然吾讀王復齋款識見錢獻之釋亞父丁甗吕亞為古皶字謂是昍己相背阮氏吕弗字駁之引據雖詳實自擾也豈知讀為亞字之更直捷乎□即且字用為祖往也薛書作△□即見字戊寅父丁鼎見酎作□与此合博古圖割見之目合上□字釋為召吕見之下體為夫題為召夫鼎各家皆承其譌不知見之下體猶可釋作夫吕□為召篆灋無徵薛氏於召卣尊引古尚書□字及庚午父乙鼎辰□中鼎先□爰鼎先□中尊大□本皆省字其上體亦非从□薛所引必唐宋人誤吕鐘鼎文中省字為召而集入尚書者汗簡不收蓋知其誤矣阮云戍謂亞中是且見二字且古文祖始也子始見于父廟而作器其說未可據今案且見二字篆形甚碻惟不當讀且為祖筍清館金文月形卣□釋作廟形中庚又引吳子苾云此

非庚字審是甲見二字甲始也子始見于父廟而銘其器此攈今之篆形釋之亦不吕為召夫二字矣室从宀即宀字鐘鼎文中宗家寶宮等字多从此形本銘中宅字亦可證囱即至字博古圖作㙯尤明碻亞室者次室也亦可讀為亞室宅阮釋作家博古圖作宀釋作午辟釋作象孜晉公盦宅作宂宅陽幣作用皆与此同是宅字也刊博古圖作卭各家率釋作刊篆形文義均失說詳并侯尊桓辟釋作行禁州書行有作刂者吕之說古文陋矣阮氏釋亞室父癸鼎云‖乃桓形周禮大宗伯公執桓圭注雙植謂之桓桓宮室之象所吕安其上也桓圭亦吕桓為瑑飾此正作雙植是桓楹之象此說是也銘言往見亞室父癸居于桓楹之下吕受冊命文本簡雅可誦釋解家不能審定文義篆形遂介格不成語矣

癸鼎

癸□
旨朮

旨朮舊無釋案曶鼎詣字从旨与此左旁一字肖是旨字也右為反朮字說文朮為秫重文篆作朮云稷之黏者九穀考北方名高粱或云癸下一字為稽或云誅皆謂人名存參

庚嫸鼎或作丁子鼎

惟廿又二年、四月既望、

己酉、王祭格□于宮、衣卒史事、丁子、

王蔑庚□嫸厤、錫□嚴、□龏

貝十朋、對王休、用作寶鼎、

白拜對王休用乍寶鼎

格舊釋作祭案此篆从宀从格即格之繇文右旁了即彳方言格至也即格之本字古器言格不言格說文無格蓋偶遺耳于舊無釋此篆从出乃倒用字劉公鑒杜𩠑从出可證也亏說文亏象气之舒从丂从一一者其气平也此亏已ㄣ象气舒合用為雩古雩于通用說詳并侯尊或釋為粵已粵宮為宮名亦通卒事舊釋作衣史文義不協案說文卒作𡗝隸人給事者衣為卒卒衣有題識者是卒字取義於衣／其題識也此省／故止作衣知古人於文字多取義不婁取形也寡子卣誶从衣是其碻證者衣即褚衣事篆本吏字古通用詳生尊卒事者畢事也丁子詳史頌鼎嫡舊無釋說文作𪏽云醜也一曰老嫗也庚嫡蓋人名蔑麻婁見於鐘鼎文中阮氏釋般尊吕蔑麻為勉力之義謂即介疋之蠠㴼後轉寫𥨍勿又轉為黽勉今案般尊叹尊皆蔑麻連文而

敳敔云王蔑敔厤友敔云王蔑友厤畢段敔云王蔑段厤伯雝父敔云蔑彔厤与此鼎文竝不連用知阮說亦未協也攷說文蔑勞目無精也歷過也合參諸器其文意佀謂視其所經歷有功行賞故下文有錫予之事是蔑段為眽也爵舊無釋案萬諆尊爵作爵說文作爵竝与此肖吕隸體書之當作爵今作爵俗省也龔舊亦無釋案說文龔从龍从廾此从古文龍从凡凡与廾同意龔義為懸段為龔給字井侯尊大龔禽是也龔貝當是龔給之貝或是貝名凡癸亥敔之斤貝敔敔之誒貝父己鼎之豐貝庚午父乙鼎之賴貝舊彝之貫貝竝此龔貝皆不載於介疋相貝經意自秦廢貝行貨書闕失攷矣十朋舊止釋作朋此篆上有丨即十字釋者未諦視耳

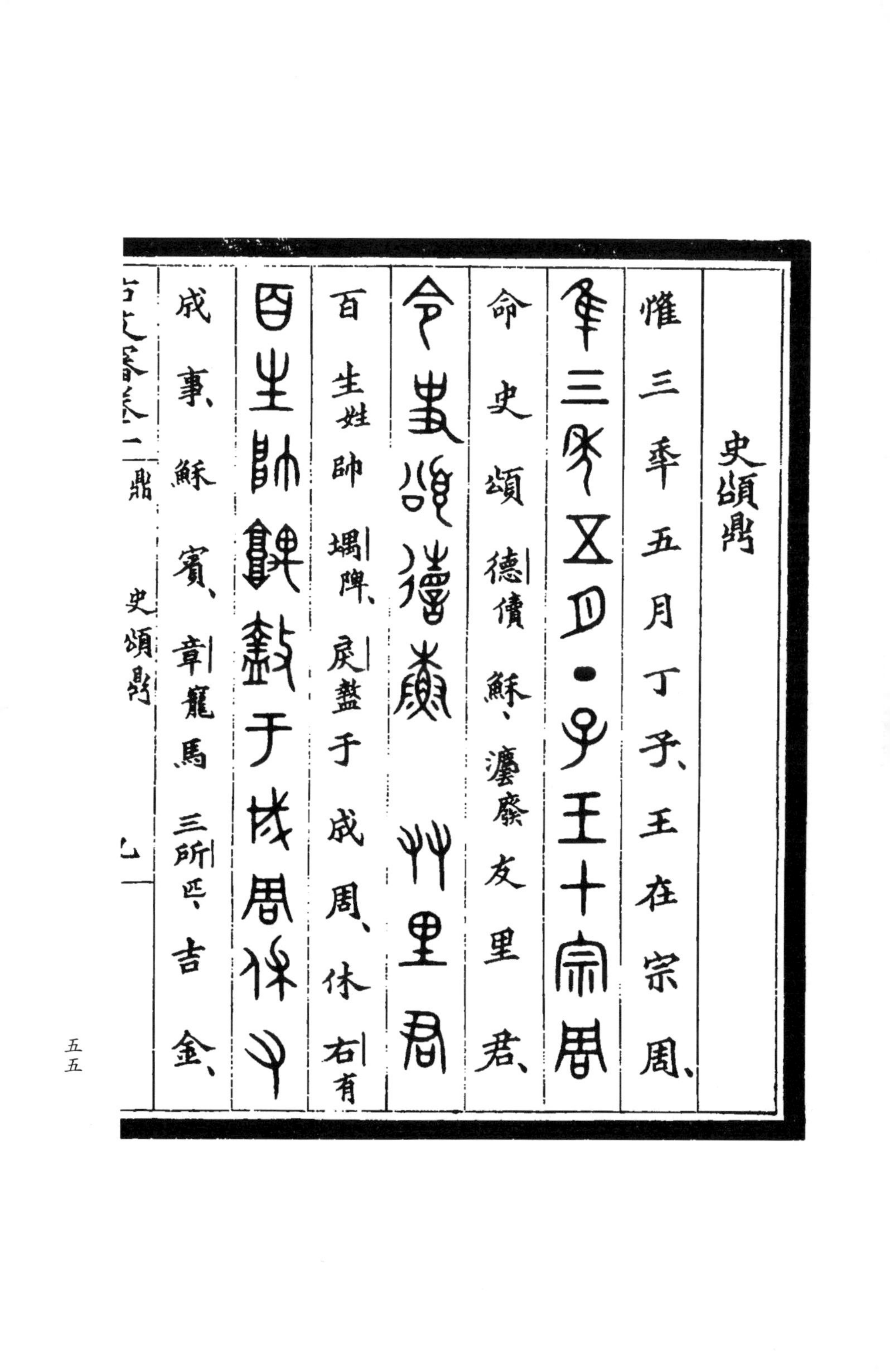

史頌鼎

惟三秊五月丁子、王在宗周、

命史頌德僨穌、瀍䝉友里君、

百生姓帥堣𡋯、戾盩于成周、休右有

成事、穌賓、章龍馬三所匹、吉金、

成事蘇賓章馬四吉金

用作鬻彝、頌其萬年無

用乍鬻彝頌其萬年無

疆、日□迎天子顯顯命、子子孫孫永

彊日遷天子顯令子孫永

寶用、

寶用

案世本云祝融之後陸終生昆吾封蘇戰國策竹書紀年注云紂伐有蘇氏皆己姓忿生呂篇今補于此

史頌又有敦見古鑑及筠清館金文銘与此同篆形小異丁子与史伯碩父鼎己子格伯敦癸子叔娟匜乙子

同豈古人榦枝相配無定例𪾔儥篆与筠清館款蓋文
同其器文作𢓚辵𠣞从𠙵即說文睦之古文𡘹也讀賣
等字从之加言為𧨝即讀省加彳為𧗳賣遺字古彳辵
通用說文遺媟遺也吕為𧸇字此銘當是睦或是儥則
即覿字也古籀補釋𧗳為聽蓋不知𠙵即㚘也㚘即鯀
見字類古文木禾二字變而相捪如盉从禾休亦从禾
是其證蘇國名書立政孔傳忿生為武王司寇封蘇國
㚘下一字剝蝕款文作□筠清館作□古籀補釋作瀀
云从鹰从水鹰所吕觸不直範圍之使可守瀀令行之
如流水太公之則為廢今案牧敦師酉敦寏簋並云勿瀀
朕命晉姜鼎云勿瀀文侯顯命叔弓鎛云余弗敢瀀乃
命皆用瀀為廢此鼎亦然友里疑即羑里此云友里君
則亦國名矣百筠清館款文作百百生即百姓書汩作
九共槀飫孔傳生姓也兮田盤諸侯百生亦百姓也䮱
舊釋為堣此篆从𩫏从畀即說文䮱之籀文也用為俾
師䮱即率俾盤舊釋作㡯吕為盤字不知盤音周說文

云引擘也此段爲糾爲鳩實爲匀說文匀聚也又舊釋作右當作有休有成事与詩休有烈光句灋正同寵舊釋作章據敔文作竜即汗簡古文龍字此用爲寵詩何天之龍爲龍爲光皆寵字頌鼎云入覲竜与此合匹舊釋作所文義篆形皆失迎字与日字合篆敔文分篆此字从辵从籒文匚从羊匚羊皆聲疑迎之奇字并侯彝出入遷命并侯尊遷天子休与此鼎文義皆是迎字或釋爲揚亦可古籒補釋爲臧於義遠矣顯舊釋作覭孜敔𦉪命字同證吕追敔𢻻揚并侯尊𦉪考魏季子白盤晉姜鼎勿廢文侯覷命从頁从㬎此从𠂤乃省體与頌孔𦉪有光知爲顯字左旁皆㬎之省變者也疆吕彊爲之小篆分爲二古實通用銘言史頌覲見蘇君廢友里君覲下文云揚天子顯命則吕王命覲之廢之也于是百姓率俾鳩聚而歸于成周此史頌能有成事也故歎其休美時蘇君吕賓禮〻史頌而寵贈吕馬与金史頌用吕作器也

伯晨鼎 筠清館

惟王八月、辰在丙午、王命韓恆侯

伯晨、曰其嗣敬乃祖考、侯于韓恆、錫

女䰞鬯一卣、元袞衣、鑾幽夫、赤

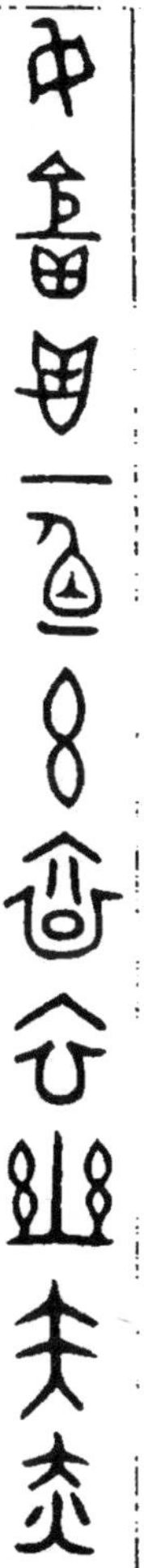

旅弓、駕駒、輦、畫旐幬交、較虎□幃

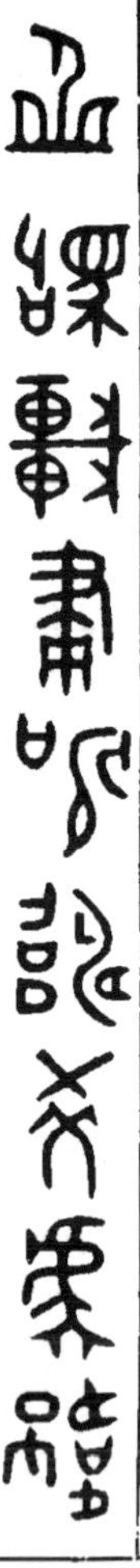

冕邑、□裏里鑾幽□轉、驖虢旅五、旅弓三矢二、

旅弓旅矢、必戩戈綏虢克䪞、用夙

夜事、勿灋朕命、晨拜䭫首、

敢對揚王休、用作朕文考

德道公宮尊鼎、子孫其萬年

永寶用、

恆舊釋作韓今定爲恆說文恆从心从亙古文作亙云从月引詩如月之恆知古恆字从月不从舟其从夕者亦古月字通用說詳令鼎小篆改从舟又改早爲屮葢依稀篆形爲之非古也恆國名路史國名紀康林孫封楚有恆思公姓考衛康叔支孫食采于恆因氏此云恆矦即亓地案楚非荆楚乃衛地詩曰作于楚宮是已又

案禹貢恆衛既從知恆國衛國皆因水名之其魚釋作曰敬舊釋作嗣皆非也幽舊釋作䜌下文同象形則是幽此用為黝玉藻一命緼韍幽衡注幽讀為黝是也夫舊釋為大不知此用為鈇也說文鈇莝斫刀也王制賜鈇鉞然後殺又案鈇亦斧字禮記中庸釋文鈇又音斧後漢書獻帝紀注引蒼頡云鈇斧也然則幽夫即黑斧古今注金斧黃鉞也鐵斧元鉞也三代通用之可㠯解此幽夫矣赤下一字舊釋作旅此字从尸从ㄓ乃㠯字說文㠯陬隅高山之節此用㠯為符節或釋作舄吳中丞謂夫赤旅三字為大赤旂迂曲甚矣駒舊釋作駕此字左从丩即小篆之丩楷書之丩句字从此篆作句此作㠯同也師器父鼎黃耇字㠯句為之篆作㠯可證也寅簋亦云駒聲旐㠯咷為之同聲段借也韝舊釋云說文有幬無韝此實幬字單帳也交舊釋作交當讀為較說文較車輢上曲鉤从車交聲今俗作較誤畫旐幬較者言三物皆畫飾也虎下一字舊無釋此字从口从幃

即幗字尒疋釋訓洄洄釋文云洄本或作幗今說文褔
下引尒疋此文而巾部無幗今于此鼎見之蓋用為幃
說文幃囊也本非帷義而七發云幃蓋之張直用帷義
此云虎幃即左傳之虎幄也𢀜舊釋作冪詳攷敔𢀜下
二字乃裏字離篆者攷敔寅簋兹云虎𢀜熏裏知裏即
弓衣之裏上句吕畫字統旂幬軗此吕虎字統幃𢀜裏
文自明顯幽下一字舊無釋此為博省既為韓說文尻
裏也鐘鼎文皆作轉號舊釋作驖云从馬从主案此字
左旁寽字甚明非馬也右从王乃朿字小變者非王也
虢旅亦見鬲攸从鼎不知何指案說文虢虎所攫畫明
文也意虢旅取義於虎猶貔熊子所謂虎旅乎五百人
為旅號旅五則二千五百人也於乃尸三兩字合篆尸
說文云瑞信也即節之本字㚒亦矢二兩字合篆旅尸
三矢二者言所錫之號旅有五每旅用尸三用矢二也
上文赤吕乃統為節制者此三尸專制虢旅此矢与尸
兹言其數止于二即今令箭古之所謂傳箭下文旅矢

則用㠯射者各不同也舊釋誤仞𠂤為弓宜其不達也戈上一字舊釋作必讀為珌此實寅字寅从𦥑即𦥑网手相向此變从𦥑网手相背其意則同寅合下戈字為戭說文云長槍也下一字舊釋作綏失篆形此字从糸从巾从虎實繐字說文繐繫繐也一曰維也繫繐為惡絜非此義此用維義謂駕具之繩字亦作幰廣疋幰繩索也繐下一字舊釋作克失篆形此為蜀之倒文凡虫字古文作个个二形此从山即倒个字毛伯彝蜀作罯可互參此用為蠋說詳牧敦或云蜀用為蠋詩金厄傳厄烏蠋也亦通灋舊釋作渫說詳史頌鼎牧敦寅簋道舊釋作德此字从𡿪乃古文頁字上𡿪下儿古器中䭫頌顯等字从之下从竝止合之為道之緐文汗簡道作𢓊散氏盤道作𢓊竝可證此篇舊釋謬妄幾于蔑不可治矣

中鼎博古圖作南宮中鼎

惟十有三月庚寅、王在寒

師、王命太史括況裒土、王曰、

中、菻裒令内太史錫于錢武

玉王作臣、今括況里畀女裒土、作

王乍臣今兄畀女褱土乍

乃采、中對王休命、𩕢父乙

乃采中對王休令𩕢父乙

尊、惟臣尚中、臣赫亦永赫羕、

尊隹臣尚中臣赫赫羕

案王氏載南宮中鼎三此鼎弟一銘中無南宮之文今題為中鼎十有三月說詳唐典𡨄寒地名左傳襄公四年寒浞杜注寒國北海平壽縣東有寒亭路史國名紀晉地武王之穆寒師者如左傳言𨛭之師也況舊釋作括呂太史括為南宮括不惟無稽而篆形亦失說詳中尊此況乃太史名也褱与晉姜鼎綏𠆧字同而稍省即

懷字地名也王命太史況懷土者王以太史況之懷土命於中也武王舊釋作琖玉篆形文義皆失武从武王二字會意盂鼎文王武王字正作玟珷是其碻證太史錫于武王作邑者言此懷土乃答曰太史錫于武王而使之為邑者也荀子武王之誅紂也行之日以兵忌東面而迎太歲至氾而氾至懷而懷韓詩外傳武王勒兵脩武於甯更名邢丘曰懷甯曰脩武寰宇記懷州下云管蔡廢絀封康叔為懷侯于此即為衛後遷河內此皆武王時懷土可攷者也畀与也舊釋作里非采即寀字食邑也采寀正俗字舊訓采為事蓋未達銘意也今況畀女懷土作乃采者女乃皆謂中也言懷土本太史況受于武王者今使況以此土畀女中而作乃采邑如尊伯氏騂邑予管仲之事矣鬻說文作䰞煮也亦作鬺毛詩于以湘之韓作鬺鐘鼎文止用鬻煮酒以薦于尊故云鬻父乙尊尚者上也易繫辭又以尚賢也即此義亦永羕三字舊止釋作赫赫篆形無一字相合貞隱園臨

本改釋為奕赫亦未碻案亦字甚明巜乃永字橫書之穌卲妊鼎永寶用作乁東朋尊永寶用音作巛竝与此肖孟妃壺羕寶用之作羕陳逆簠子子孫孫羕保作羕二羕字所从之永又此永之碻證末一字即孟妃壺陳逆簠之羕更不待言此二篆為王氏所罔非有壺文簠文證之則終淪長夜矣惟吕尚中吕亦永羕者蓋贊美太史況之詞上文云太史錫于武王作吕知此二吕字即指太史言太史能吕吕而崇尚中之賢畀吕己之懷土是其為吕亦永羕傳于無窮矣

中鼎二 博古圖薛氏款識作南宮中鼎王阮款識竝作南宮方鼎

惟王命南宮伐反虎方之

秊、王命中先相省南國、貫行、

埶揚王居、在射□、圃□貞鼎山卌、中訏

歸生、對揚刋于王、埶揚刋于寶彝、

案周有南宮氏此鼎不箸其名所謂中者別是一人首
云王命南宮伐反虎方之季繼云王命中先省南國是
㠯南宮出征之事紀季也則題為南宮中鼎者固為誤
合兩人為一即題為南宮方鼎者亦未分賓主令更正
虎方當是西方甘石星經昴者西方白虎之宿是也省
博古及薛王釋作召阮作相詳冊命鼎中尊貫詳晉姜
鼎貫行舊皆不箸說當是失攷案漢書谷永傳㠯次貫
行師古曰貫聯續也謂上所陳衆條諸事宜次弟相續
行之後漢書東平憲王蒼傳孝明皇帝大孝無違奉承
貫行注貫行謂一皆遵奉也此鼎貫行謂所省南國之
事揚本楊字舊釋作執非詳中尊揚王居即易揚于王
庭也在下二字舊釋作射圃非阮亦云未碻然阮于縣
妃夒皮引此圃字何敟貞山二字阮釋如此博古及薛
王貞作真非舊釋侣㠯王居在射圃真山為句心源案

各家不識貫行之義又不知揚王居為句故有真山之
讀今吕鐘鼎文例及此銘文意推之在下一字當是地
名貞上一字當是錫予賞賜之義鼑本貞字亦可讀為
鼎牀夜鼎作鼑牀单鼎作貞墉夜君鼎作鼑明我鼎作
鼑庚嫡鼎作鼑說文所謂古文吕貞為鼎也山非山乃
卅字克尊錫伯克僕山夫正謂賜僕卅人而博古亦釋
作山萃編承其譌乃于督鼎受匡山秭云未詳不知阮
已釋為卅也山左金石志吕為即三字亦誤矣說又詳
大鼎此銘蓋云在某地賞賜鼎三十也麦鼎亦云錫鼎
馬兩知賜鼎亦常例啚說如此敢質通人歸生人名對
揚二字博古及辥王止釋作原今从阮書心源案對字
甚明下一字左翁為烏右為三日有羨文者象光芒形
日庚父癸𠭯日作☉汗簡引華岳碑日作☉与此合此
从三日与籀文乾作𠦝同意蓋取純陽之義从烏者春
烋元命苞云烏者陽精是也吕此知古文昜从日从烏
其从三日者昜盛亦緐文也小篆作昜下體乃依稀烏

古文審卷二 鼎 中鼎二 十七

字為之遂与易同非古也許解云从日一勿甚為不詞蓋李斯之肊許亦莫得其原矣此易用為揚与師艅鼎對得農卣對䀹段用陽字者同揚于寶彝謂表揚于彝器作此銘也此鼎不言鼎而言彝所謂本銘不言本器而言佗器詳例言此銘二

于字舊釋作刊詳井侯尊

箕鼎博古圖薛氏款識

綦箕 父 乙

箕舊釋作綦鮮為綦國案曲禮凡為長者糞之必加帚於箕上㠯袂拘而退此篆从甘即古文箕从衣即㠯袂拘退之義是箕字也良工之子必善為箕銘意其取此乎

古文審弟二

賜進士出身翰林院編修督理五城街道事務掌江南道監察御史劉心源學

鼎文

秝鼎 博古圖筠清館竝作父己鼎薛氏款識作禾父己鼎

秝 父己

秝博古圖釋作禾辥同筠清館釋作二禾形云取有秊薦新之義皆不識秝字者也說文秝稀疏適也从二禾

讀若歷凡言歷歷可數及歷録字當用秝自歷行而秝乃無人識矣周禮遂師賈疏分布稀疏得所名為適歷槷此即今俗所謂的皪轉為勺藥七發勺藥之醬子虛賦勺藥之和具文穎曰五味之和也此所謂稀疏適也說文厤下云厤者調也与此秝同鼎而銘㠯秝其取調盉之義乎

令鼎　筠清館作大蒐鼎

王大蒐獄畋農于諆田、餳、王射、右有

𢽾嗣衆洎師氏小子卿饗射王歸

自諆田、王馭馭雪溓中、僕令衆洎

奮先馬走王曰、令衆洎奮乃

克至、余其舍女臣十家、王

至于雩康宮、馭吏令拜䭫首曰、

小逌學、令對揚王休、

欽舊釋作蒐呂下文農爲畋任意武斷不詧篆形案此字从丮即小篆之丮隸書之丮今俗作丸執孰等字之

所从也井侯尊埜敦伯虎敦楙卣中尊伯龢尊諸揚字
及本銘中揚字从此丅从谷乃𨟭字左旁从豕則合豦
字為之說文谷重文作臄知谷豦古音同也說文丮部
𨟭相踦𨟭也人部𠊧徼𠊧受屈也心部𢡚勞也此㠯𨟭
与農連文蓋用為𢡚諸勞苦也今俗所用之劇亦此義
農从田从𤰔伯農鼎辰作𤰔与此同即說文辰之古文
𠨍也說詳農卣諆田諆地之田也錫舊釋云𩞁之重文
書食也槳說文作𩞁其作鍚者即饎之正字今二徐本
皆誤从易惟類篇从昜此用錫為𩞁耳有舊釋作右此
字从又从夕實有字古月夕通用叔弓鎛外字从月師
龢父敦師酉敦毛公鼎諸夙字从月壴卣夙月饗尒百
爵直用月為夕此有字从夕何足異乎嗣舊釋作𢽥寀
說文辭籀文作𤔲鐘鼎文多用為司見吳𩃬司土司𩃬
叉尊頌壺無叀鼎彼皆省从司惟康鼎曶鼎伯𨛜父鼎
害敦伯司敦从司此从𡔷即𤔲从司即司是嗣也用為
司且連上文有字於義為有司若右率乃後世官名非

三代人語也且釋為𣪠其所从之彐何屬乎三洎字与
也从橫目从水与眔暨同義舊皆釋作眾宄簋眔吳眔
牧阮亦釋作眾攷遅父鐘侯父眔齊友敔友眔乃子子
孫永寶若釋為眾乃不成語釋為洎則皆文從字順知
此鼎三洎字淩非眾也饗本卿字用為饗田盉云用卿
賓癸亥敔云君卿敔活静敔云王㠯吳乘靡劃卿皆㠯
卿為饗饗射者饗而[illegible]也即燕射舊釋㠯小子卿為人
名又㠯下文臣十家[illegible]小子卿為之供帳王㠯臣十家
舍于小子之家愈說念岐矣馭舊釋作駛用為使此實
馭字从馬从古文鞭[illegible]詳大鼎溓舊釋作雪此从水从
兼說文薄冰也一曰中絕小水此溓中蓋地名如云淹
中回中中也令僕人之夂奮亦人名先馬者先導也漢書
百官公卿表太子有先馬如氏曰歬驅也先或作洗攷
韓非子句踐入官于吳身執干戈為吳王洗馬國語作
歬馬義實同舍去也釋也臣十家者臣十人也家字作
人字解說詳井侯尊此本庚字用為康康宮婁見于鐘

鼎文舊釋作雪宮非也吏字將口側置左旁亦異體也用為使古字通也使令、拜䭫首曰者王使其僕名令者拜䭫而訓之也曰字為王小下蝕一字文義當是子字小子迺學王勉令之詞也令對揚王休令即僕之名舊釋不知此銘四令字為王僕之名遂呂迺學令為句而鮮為學詞令其謬豈啻千里哉銘意言王大訊勞農事于諆田既食而校射縱時有司洎師氏小子之屬皆与饗射王歸自諆田御馬而至濂中之地其僕名令者洎名奮者先馬而走王計其行程曰此二人先去此時乃克至矣余亦舍女臣等而去于是王至于康宮使令拜䭫首而訓之呂學令乃對揚王休也

叔我鼎　筠清館作叔戎鼎

叔　戎我　作、用、

我舊釋作戎失篆形說文古文我字正如此說解云我从戈从手手或說古文𠂹字今案𠂹古文作𢓊从彡我古文从彡多少止爭一筆勿者旌旗勿勿也象𠂹形彡蓋彡省古人以我為字者宰子我關子我又壺文云明我也

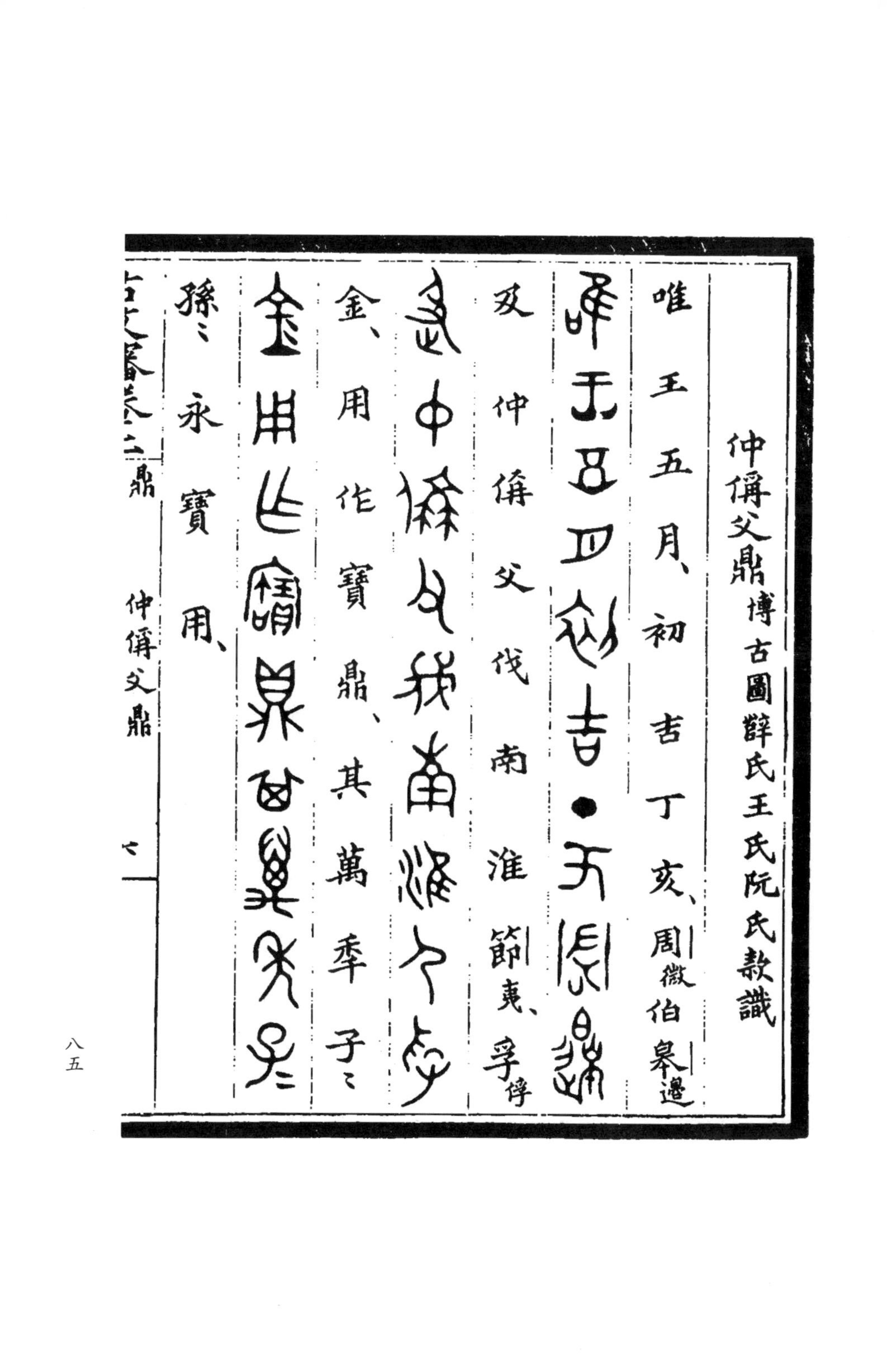

仲偁父鼎博古圖薛氏王氏阮氏款識

唯王五月、初吉丁亥、周微伯皋邊
及仲偁父伐南淮節夷、孚俘
金、用作寶鼎、其萬季子〻
孫〻永寶用、

微舊皆釋作周失篆形今定爲微中从镸即長兩豕乃省筆也微紂畿內國名見尚書孔傳論語類考云微本陝西郿縣地紂徙于畿內蓋在魯地春秋莊公二十八年築郿公羊穀梁俱作微郿微古字通用注云微即微子所食邑姓觿引姓考云周武王牧誓八國有微人呂國爲氏又引千家姓云東魯族左傳有微虎此微伯邊亦氏微也邊二王觶皆釋作皋阮从吳侃叔釋作邊是世惟呂左傳周大夫邊伯坩會之無謂世夷舊皆釋作節篆形是而文義則乖阮又讀節爲即仍未恊說詳師寰敦孚讀爲俘阮云軍獲曰俘今㮚孚金婁見鐘鼎文中逸周書世俘解武王俘商舊玉億有百萬亦此意也

王子吳鼎　筠清館

惟正月初吉丁亥、王子

吳𦎫其吉金、自作飤鼾𪔛

其眉壽無諆、子子孫孫永

保用之、

賷釋作眉其謬始于楊南仲至今無訂之者葢千年不見天日矣說詳鑄公𥳑

案孜古圖薛氏欵識並載此𦉼吕云䲭字字書不載其形則𦉼也薛云干乃鉶省吕鼾爲鉶𦉼二字吳中丞云程侍郎恩澤吕爲𩱜字案之形聲皆不合梁侍郎章鉅云从𦉼干聲奇字韻音翰食器正字通不收而坿於𥂕下云从干無義字彙補作古刊切引孜古圖此𦉼文又引三蒼云鼎也心源吕爲此字篆形从于乃于字各家皆吕爲从干但據隷書言之非也篆纕干从入一作丫一作丫丫丫皆倒入字古文干作丫一作丫未有作干者古器中于字皆于也若𩰫寢鑽鐘鼎疏於篆纕持趆作赶仭邘爲刊亦同斯謬良可歎矣此字不作音則已若作音則當讀若盂汙等字宋君夫人鼎云作餴釪鼎博古圖釋作釪考古圖篆作釪釋作釬又云疑作鈃省此薛氏所本其謬均也然因此知鼾釪同字矣擇𣪘𢍰期𣪘諆古器中習見之

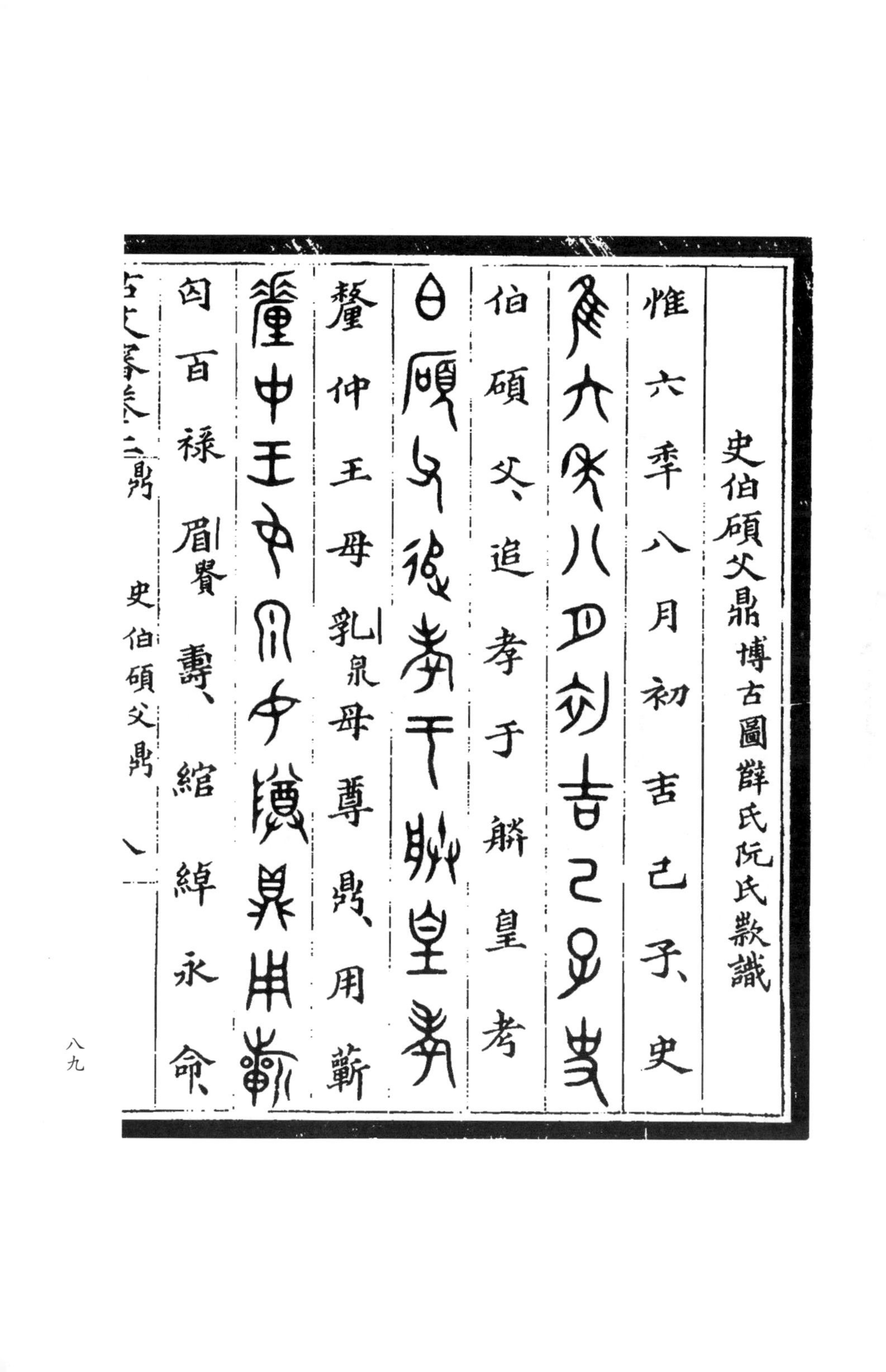

史伯碩父鼎博古圖薛氏阮氏款識

惟六季八月初吉己子、史

伯碩父、追孝于朕皇考

釐仲王母乳泉母尊鼎、用蘄

匄百祿眉壽、綰綽永命、

萬年無疆、子子孫孫永寶

用亯、

己子詳史頌鼎王氏呂初吉己爲句佀讀己爲巳篆形文義均失辥同凡辥書所采于愽古圖者無論謀安即皆照繕雖謂之抄胥可也史官名或是氏伯碩父其字如周語所謂伯陽甫世東觀餘論云史伯周宣王臣碩父其字阮氏吕此說有據謂史伯見國語追孝之孝篆形實考字遲簋用亯考于姑公亦吕考爲孝二毋字吕

女爲之鐘鼎文中㬰見泉王釋爲乳阮云乳字象形呂吳佩卅解王毋爲適毋乳毋爲生毋其說甚碻不知篆形一譌所解雯不必論也案此實泉字說文作泉云水原也象水流出成川形敔敔伐浪昴參泉即此字王氏又釋爲怡何不能自主也王莽錢文曰大泉五十与此同又散氏盤表于原道之原作原竝可證此鼎之必非乳字也路史國名紀黃帝後泉下云故伊闕縣北有泉亭姓源云黃帝子任姓之裔封泉是則此泉毋氏泉猶穌邵妊鼎之鯱妃魚毋鑄公簠之孟妊車毋伯元匜之孟嬀婤毋皆系毋姓爲𠈉耳賢字詳鑄公簠縮綽二字从系乃籀文系省見說文奚下王云縮綽優裕之暑阮云即緩綽也引詩寬兮綽兮是已心源案銘中鼎令疆

言四字

爲韵

雍公鼎 筠清館

雍應公作寶尊彝、曰卬奄巳祀

乃弔彔、用夙夕鬻亯、

雍說文作雝云从隹𤼷省聲或从人人亦聲𪆫籀文雍从从鳥案據說解知今二徐本有奪譌其云从隹𤼷省聲者則為雝其云或从人人亦聲者則為𪆫是雍為正篆雍為或字今本奪雍呂雍為正篆遂使說解不憭段氏據韵會訂之云从隹从人𤼷省聲憭則憭矣於說解尚未協也今於此鼎得之此字上體厂即疒是雍字也銘

云雍公則不取于鸞當讀為應左傳邗晉應韓武之穆
世是也路史國名紀亦吕雍為應奄舊釋作申吕大為
義文此字从古文申从大實奄之變體巳字有剥畫用
為祀易損巳事遄徃虞本作祀事元祀觶之祀諸姛爵
祀太子之祀竝吕巳為之可互證弟舊釋作弔案叜季
良壺用亯孝于兄弟正作此形是弟字也𩰫字詳中鼎

蘇邵妊鼎阮氏款識作魚治妊鼎

魚蘇 治邵 妊 作 叔媵 妃 魚 母

媵、 子子 孫孫 永 寶 用、

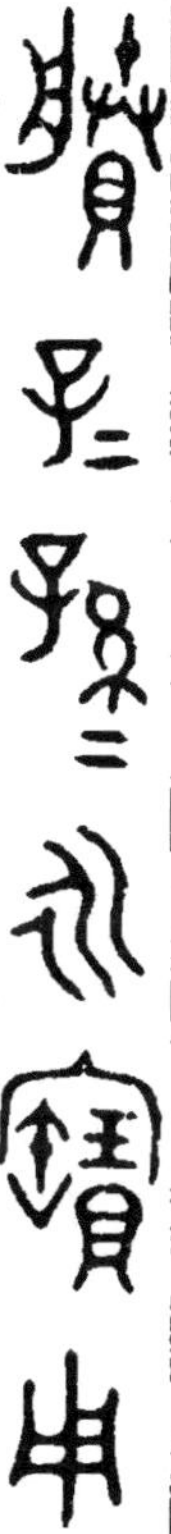

蘇詳史頌鼎舊釋作魚非邵字有剥畫舊釋作治案左旁[illegible]之爛文右旁召字甚明阮誤𠮷爲台夫台字篆隸二體皆不得从刀此匕即刀召字所从也大鼎駭召大篆作𠮷此鉊反書爲異耳大敦王評吳師召大篆作𠮷正与此合媵舊釋作叔此字亦反書左旁虎字甚明右旁寽字亦稍蝕魚姓也風俗通宋公子魚之後左傳

宋大夫魚府魚石者皆即其後也又左傳文公十九季魚人逐楚師郡國志云即魚復姓鱅云後因氏是魚姓有二此魚母未知何屬也賸說文云物相增加也一曰送也副也桊送副義即媵字他器多用朕為之此為郘妊送虢妃魚氏之物故云賸也

鄘夜君鼎 筠清館

墉鄘夜君成之載飤鼎

墉叚為鄘詩譜云自紂城而北謂之邶南謂之鄘夜舊釋云音亦邑名君封號也是也惟訓墉為城於夜君文气不牊案據此鼎則夜為墉地而戰國齊策云益封安平君夜邑萬戶是又為齊地或兩地同名或後并於齊皆未可知載舊訓為紀載案說文飤設飪也从丮食才聲石鼓文酋車飤道直用飤為載此鼎用載為飤正取設飪之意師虎敦載先王从食𢦏聲尤明顯

案墉不必定為邶鄘亦可讀為庸牧誓庸蜀亦古國也復校補于此

小子⿱罒廾鼎　筠清館作小子射鼎

乙亥、子錫小子射⿱罒廾、王商賞貝十朋、倗

師射⿱罒廾用作父己寶尊彝、子孫、

⿱罒廾舊釋作射引汗簡所載義雲章䠶字然止釋得下體於从目之形無箸也案說文睪引給也鐘鼎文多用為擇如⿱罒廾乃吉金屢見之矣又用為厭斁字靜𣪘靜學無⿱罒廾毛伯𢦚無不成⿱罒廾皆⿱罒廾省古斁字通用射詩服之無斁魯詩故斁作射詩無射于人斯禮記大傳注作斁詩在此無斁毛作斁韓作射尒疋釋詁豫射厭也釋文射

本作斁凡說卦水火不相射詩矧可射思好介無射太元三歲不射皆斁字此鼎之□蓋合𢍰射二字為之射古文作□象手執弓矢形即此字所从也商用為賞詳商女帚朋从□即倒拜字从□即人字合之為倗即朋友本字說文倗輔也是也賓簋廼馭人倗作□叔弓鎛造而倗劓作□与此同此則用倗為朋說又詳述季尊賓簋鼎字詳讐燮銘言子錫小子𢍰者子字指錫物之人𢍰者小子之名此人既錫物于𢍰而王又賞貝十朋師𢍰受貝用是作器傳之子孫也

叔䙴鼎阮氏款識作叔⿱鹿與鼎

叔⿱鹿與䙴作宮伯鑊

䙴舊釋作⿱鹿與篆形不類案說文䙴作𢍜云升高也古文作[篆]此字从[篆]即[篆]从[篆]即[篆]从[篆]與說文合是䙴之古文也義與遷通說文䙴或體作𨒊即遷字所从也[篆]本从[篆]从⊗古文从重曰重囟又从[篆]爲稍緐耳宮國名路史國名紀之奇之先國玉篇邵國戰國策有宮佗鑊字左旁有剥畫阮云鑊作䕶猶尊彝之尊作𨽍也周禮大宗伯省牲鑊注鑊亨牲器也漢書刑灋志注鼎大而無足曰鑊此方鼎也而謂之鑊豈鑊爲鼎類散文可通乎業阮說是也

尚鼎 筠清館作冏鼎

冏尚作齍䰞

尚乍鼎

尚舊釋作冏失篆形吳子苾云是谷字今攷梁充釿幣當鍰字吕尚為當篆作尚知此鼎亦是尚字齍舊引龔定盦云說文𥂮盛非鼎實此𥂮之通叚吳子苾云齍應作亝鼎此蓋吕亝為齋字心源案齍即䰞字才齊聲同王伯鼎云作寶齍戲伯鬲云作肆齍恐未必皆鼎字合篆也惟帛女鬲云作亝鬲禪用亝字

晉姜鼎博古圖考古圖薛氏款識竝同歐陽集古錄作韓城鼎

惟王九月乙亥、晉姜曰、余

惟嗣朕先姑君晉邦、余

不辱叚妄荒寍、經雝明德、宣邲

我猷、用招昭所匹辝、辟委揚乃

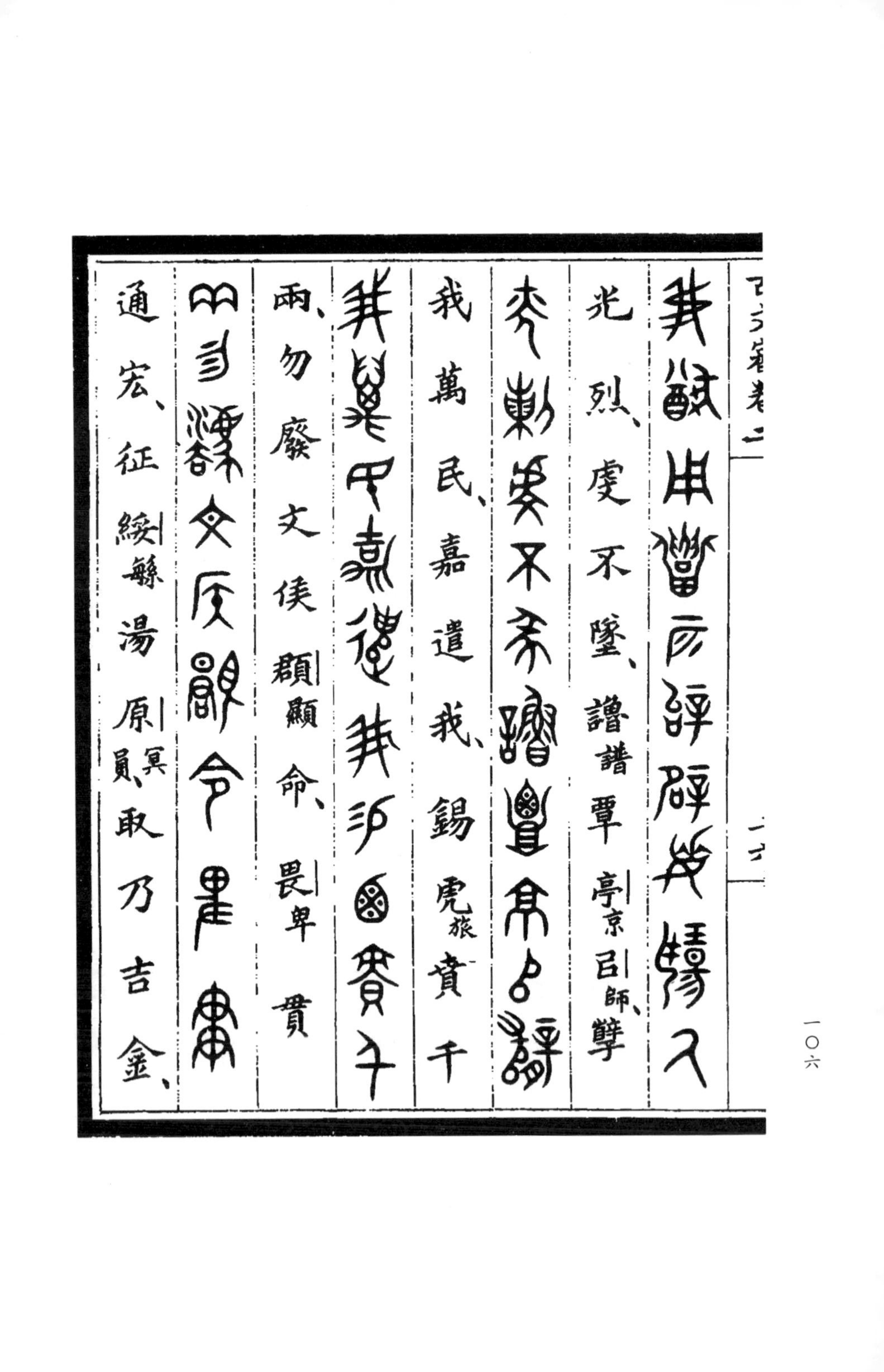

光烈、虔不墜、譜譜覃亭京呂師、孼

我萬民、嘉遣我、錫虎旅賁千

兩、勿廢文侯顥顯命、畏卑貫

通宏、征綏緐湯原員冥、取乃吉金、

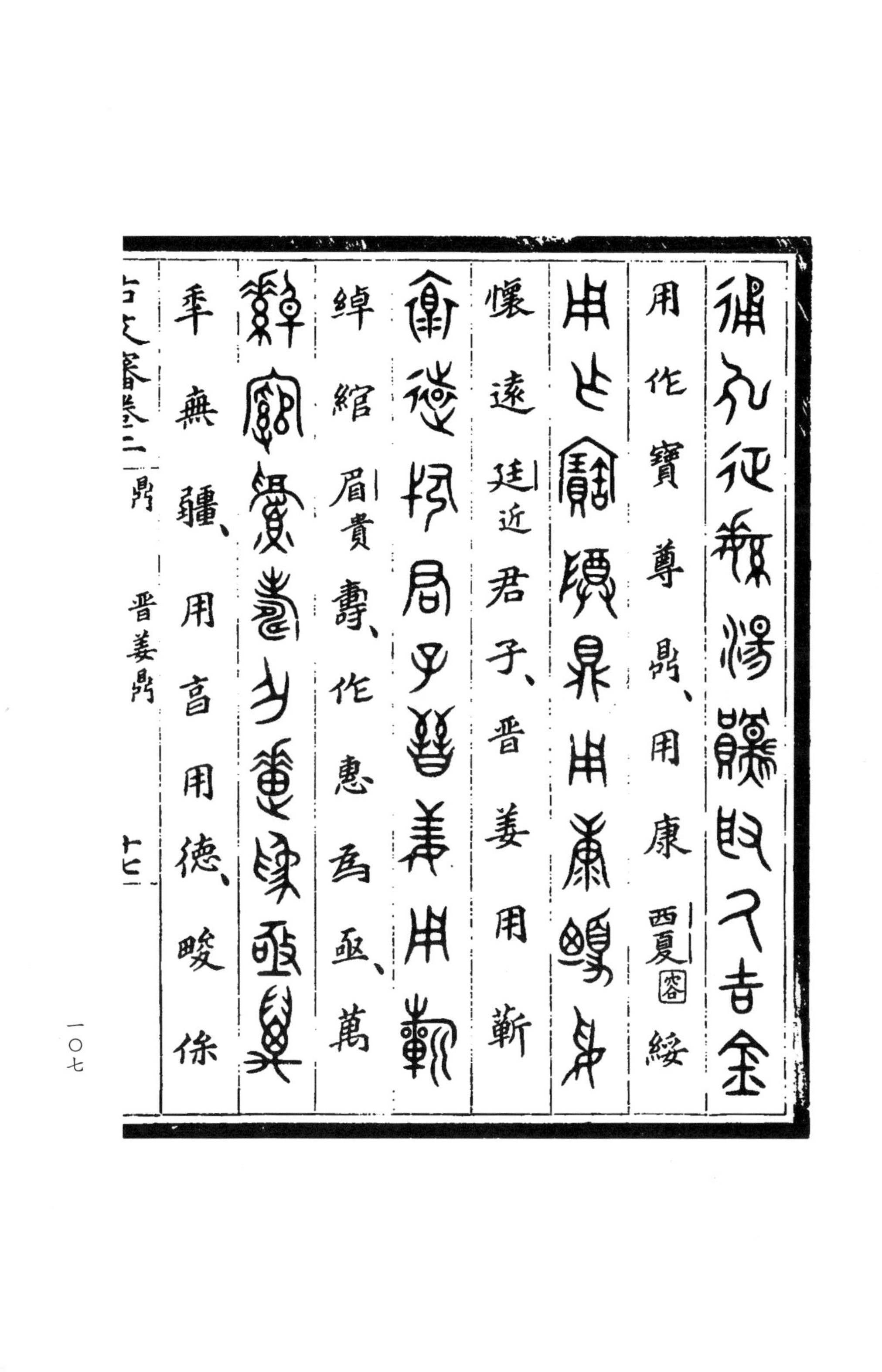

用作寶尊鼎、用康西夏容綏

懷遠廷近君子、晉姜用蘄

綽綰眉貴壽、作惠為亟、萬

年無疆、用亯用德、畯保

以龢畺用旨用德畯保

其孫子、三壽是利

其孫子三壽是利

案歐陽集古錄劉原父先秦古器記王氏集古錄梁氏書餘並載此鼎古鑑云銘文缺二十二字今各家皆不云缺細味辭我萬民下接嘉遣我三字於詞未圓當呂古鑑為定歐公錄有楊南仲釋文各本篆既散異釋亦不同今為正之銘云勿廢文侯顯命董逌呂晉姜為文公重耳夫人劉氏此鼎贊云文侯翼異周乃錫彤弓姜氏戴德既佑武公并國啚晉維德之隆成師叛仇非儀之中則呂晉姜為文侯仇之夫人矣司讀為嗣叚黼辥呂梁釋作辱董楊作敢皆失篆形說文叚引譚長說作叚師褱敨益文余弗暇組作𠬝褱盤不顯叚休命作𠬝正

与此同此用為暇妄劉釋作安非當从董讀為荒𦓐字
甚明呂釋作必楊作卹竝非韓詩有𦓐君子𦓐美皃也
昭舊皆釋作招匹舊皆釋作所非詳大鼎辥說文云籀
文辥字此用為詞匹詞猶片詞辟委謂明辟委曲小介
疋辟明也是也楊釋委作毋梁作威竝非此二句言作
銘叙功之意謂用昭片詞明辟委曲㠯裒揚乃光烈也
乃楊釋作久下文同歐公僃南仲識古文玩此銘釋文
何其謬也烈詳大鼎劉釋作剿呂作值竝非譫楊釋作
諸呂篆作𨙵釋作謂褰此从言魯當是譜字普魯聲同
此銘文義乃普覃京師也京楊釋作高餘作亭竝非井
矦尊蒡夰静𣪘蒡夰商女鬲夰姜豈言亭二字乎㠯即
師省齊皆釋作㠯惟楊作師是也盂鼎喪㠯毛伯𢍏㠯
乃㠯右比毛父竝㠯吕為師可證贊劉釋作寵呂作辥
梁作櫱竝非𪓐辥作孽不著說褰宗婦壺保辥鄁國晉
公𥂁保辥王國皆此字即書之保乂詩之保艾也乂孽
一聲之轉說文作嬖者是也天問革孽夏民亦此義遣

梁釋作遺非卣楊釋作匈非鬴梁作虎此段卣爲旅旅賚見周礼廢顯皆詳史頌鼎畀呂球釋作威鬴作畏竝非令从楊釋作畀用爲俾詳農卣貫从重毌詩串夷即此中鼎貫行作[illegible]从重貝而貫之小篆省作串說文未收而患字从之許乃云从心上貫吅吅亦聲非也許所載患古文作[illegible]正从串此不待旁證而知其謬者矣征下一字舊釋作綏此字从糸从委乃緌字原可用爲緌見曾伯霥簠天錫簠然左旁亦是每加糸爲緐叔向父敦降余多福[illegible]釐師虎敦作[illegible]皆緐字此當从楊釋作緐緐湯冥員四地名地理志魏郡有緐陽縣應劭曰在緐水之陽續漢志外黃有緐陽城通典城在內黃西北湯辟釋作蕩案九經古義論語坦蕩蕩鄭康成注魯論作坦湯湯地理志蕩陰師古曰蕩音湯路史國名紀蕩御姓湯也令之湯陰漢蕩陰也注潛夫論作湯竝可證湯即蕩矣冥員二字合篆舊止釋作原非冥从[illegible]即[illegible]小篆省从[illegible]作[illegible]碧落文理[illegible]視聽之表亦用古文國

名紀冥鄭世陝之夲陸有鄭城左傳杜注鄭虞邑說文晉邑案虞為獻公所滅此云征鄭知上文先姑為獻公夫人董說是己員即鄭左傳分國土地名鄭衛地即哀公十一年殯于鄭者也取楊釋作受乃劉釋作堅皆非康下一字考古作𩔰此从禺从頁禺篆書作禺此變禺之上體為⊗而已下體之丮施于頁下故難識也舊皆釋為西夏二字非也案𩠐之𩠐即頁入即九器刻中萬字多从此⊗即𠂤合之為从頁禺聲之諱字詩其大有容傳大兒介疋容〻卬卬孫注體兒溫潤也荀子正名注體兒敬順也知此字于義為寬大溫順本与容融通此康容綏褢四字乃連語也釋者不得其形又鮮有達其義者遂率介掛一西夏合文之說世流多不用心沿譌至今試思兩字合文亦不過偶一為之若兩地兩器皆有此字則非合文可知致盉龢鐘乃秦人銘功之器其文云𩕢燮百邦即此字何合文之多也已此知鐘文亦是容字寬大溫順已龢燮百邦文義自協若釋為西

夏語反不通即此可訂諸家之失矣近舊並釋作廷鐘鼎字源收入廷下皆未得篆形而肌揣之也說文近古文作㫃从止非止乃𣥂字詳吏尊丮弓鎛父甲彝小篆變㫃𣥂為㫃說文旅古文作㫃正从止頌壺鑾旂字也即㫃齊侯櫑用蘄賓壽丮弓鎛用旂賓壽亦此字用為祈說文以為近此鼎之旂是也𣥂即止弓即反斤字古文微真文不分故从斤之字如祈旂頎欣芹圻近皆同聲茁氏聲訂祈下云斤非聲不知小疋杕杜近與迩韻矣其說謬甚綽綰詳史伯碩父鼎賓楊釋作賸又讀如尾以門眉聲近謂是眉字五經文字收亹入亹部云未得六書之體字鑑收亹入尾韻說詳鑄公簠畯即畯用為駿歐公以用德畯為句讀為俊案宗周鐘畯保三國是則以畯保連文謂大保也三壽詩毛傳三卿也東京賦送迎拜乎三壽李注三老也困學紀聞引此不著說心源案左傳僖三十二年正義上壽百二十歲中壽百下壽八十逸齋詩補傳取以解三壽是也

蓳臨鼎 阮氏款識作毁罙鼎

蓳山毁罙臨作父乙寶尊彝

蓳舊釋作蓳山二字古籀補云从黃从火山古文火字心源案說文蓳从黃省从土黃字之芺已从火此从黃省文从火古文之蔓也頌鼎入𦾔龍从人亦火字毛公鼎女弗已乃辟㫖于囏之囏作䪅亦从之蓳正从火吳說是也臨字離為二舊釋作毁罙二字古籀補同今案㠯猶可釋作毁若罙从州巛岂州字乎蓋古文臨省一口耳口汗簡作ㄓ此二口作ㄓ是也㒳肎之乚乚則緐文孟鼎䨻乃口作ㄓ乚之證毛公鼎䨻汗簡引碧落碑䨻乃口肎緐文之證娟季盤㠯䨻乃眾則全形与此肖矣蓳即鄞㠯邑為氏臨其名也舊說坿會支離竝不录

古文審第三

賜進士出身翰林院編修督理五城街道事務掌江南道監察御史劉心源學

尊文

亞尊 四器

亞形 尊 彝 尊
中 格上三矢 卑

亞形 格上三矢 父 卑
中 尊 彝 尊

亞形 尊 彝 尊
中 ○ 父 卑

亞形 尊 彝 尊
中 ○ 父 卑

案婦鼎父乙鼎諸婦尊亞觶亞鼎鬳敦皆有此篆舊釋均誤其實亞中乃尊卑二字也試詳譣之酋即酋字觀三四器作酋酋可知矣田非畐字乃尊之下體所㠯承受者觀第四器作⊠即基丌二字之義第三器變田作⊠形与甘近第一器从⊠又从乚則變體之緐即小篆尊之下體廾所本也於綦字何与乎亞櫑酋亞鼎酋亞卣酋又一亞卣酋鬳敦酋亞角酋皆可類推而知為尊字矣卑字上體从甶說文東楚名缶曰甶古文作甶此後三器从甶从田即古文甶也下从𠂇乀象手舉形即小篆𠂤之𠂇後二器作𠂇乂益明是則上體非格上三矢下體非父字也農卣用婢為裨篆作𡢃其上體即此弟二器之卑亞鼎酎尊省作𠂇幷侯尊俾用王乘輦之俾从之作𠂇益可澂矣㠯此知古文畀字从𠂇甶會意甶亦聲甶者飲食汲澣之器手舉甶者服勞奉養之義故為卑賤小篆變甶為甲失古意矣鼎尊卣觶櫑敦皆㠯尊卑為銘其寓禮于器乎

農卣畀字 澄尤碼

井侯尊或作邢侯尊

王命辟邢井侯、凶出□就侯刋于邢井、

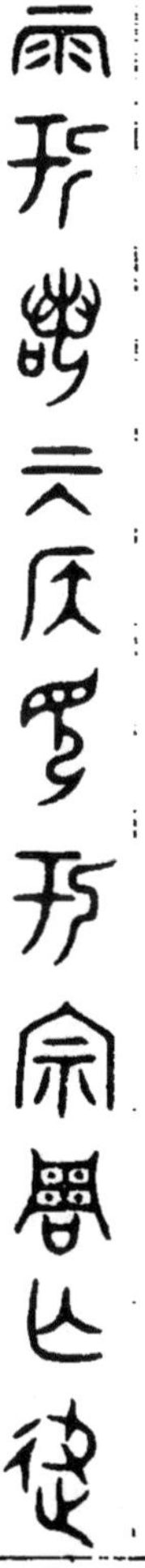

雨刋粵若□上宗侯見刋于宗周、亾無□違、

追追王□官旁京、酬祀、雨刋粵若

□揭壁廱、王乘刋于舟、為大豐、

王射、大龔隼禽、侯乘刊于□赤□旂

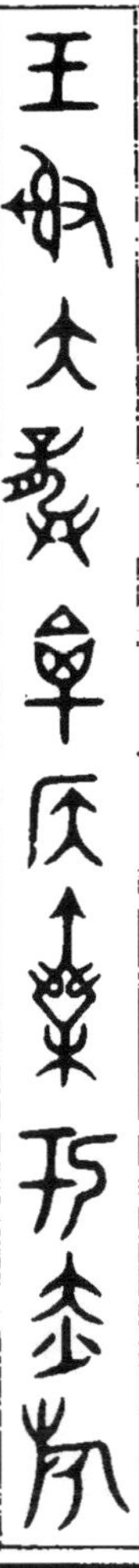

舟、從死饔咸時、王呂侯大内刊于寢、

侯錫琱綢戈、兩刊粤王在□庠、巳夕月、侯

錫諸虎臣酒百家、失俾用王乘

車肇、馬金□勒、□冕衣芾□舄、唯歸、

□迎天子休、告□匕父用龏義、

賓侯□顯考于邢井侯作冊、師麥錫

金于辟侯、師麥揚、用作寶尊

彝、用亯饗、侯造舟口迎明命、唯

天子休于師麥研侯之年口鑄、

孫孫子子、其永亾無終終、用甯甬德妥綏

多右右友、亯考旂之世神之世命、

[illegible]

井舊釋作邢誤凡鐘鼎文井伯井叔黄伯思輩動釋作邢此但知邢為周公後而不知井亦古國也且周公後國其字从邑从幵見說文何得㠯井當之今案左傳有井伯穆天子傳有井利路史後紀炎帝後有井氏廣韻子牙後碻非邢矣辟井侯者舊釋云辟君也侶為始封時作令彼井侯彝亦云辟井侯此尊下文復云辟侯正如詩言辟公後世言君侯也出舊釋作匄篆形實出字見頌壺又生尊𠁁内事人石鼓文𠁁于水一方拉与此省就舊無釋㒸篆形文彖定之𢎘字本銘中數見凡古器中此字自宋㠯來率釋為刊文气無一協者惟古籀補讀為于識趑肯人矣說文亏象气之舒从丂从一一者其气平也知亏㠯丂象气舒此𢎘㠯丂象气舒左非干右非刀也㠯文義求之如冊命鼎父癸宅𢎘桓𩫖鼎省𢎘乃身父己鬲鼎王徙𢎘作冊南宮方鼎對揚𢎘王

琥卣尹洛丂宮井侯彝言丂釐宮及此尊數丂字舊皆
釋作刊語遂不通讀為于乃能文從字順讀者細審之
自得矣雩舊釋作雨刊二字下文同案雨刊不詞此實
雩字雖篆者下从丂乃于字詳上文凡發聲詞用曰用
越本作雩見于經傳者人人知之而粊弓鎛云雩乃行
師靜敦云雩八月初吉用雩為雩此尊三雩字亦然又
牧敦云用雩乃兆庶有靈寅簋云有進退雩邦人正人
師氏人則用雩為于知古于雩雩通用上丁二字合篆
舊無釋案二為古文上字甚明入即丁字小篆作个癸
公尊丁亥之丁作△可互證違舊亦無釋此字从𠂇即
𠦝省迨舊釋作迨案迨从台不得从合此實迨字說文
𨒪還也還迨謂行相及即會合之意且子鼎迨𠀠方于
相与此同亦可讀作會說文會古文作㣛从彳合會意
此从辵与彳同辵原从彳也官舊無釋說文官从宀从
𠂤𠂤猶眾也此与師同意案𠂤即堆之正字故有眾義
此从𠂤即𠂤之緐文象眾眾聚形王官謂官于王朝者左

傳若復舊職將承王官是世蒡京地名字从井从旁鐘鼎文中婁見自黃伯思目来相仍釋作旁或云陪京或云鎬京皆肌說令目古篆偏旁證之如邾公鐘樂我嘉賓之賓作旁虘鐘用樂好賓之賓作宂与此蒡所从之旁同則此當釋為蒡說文有蒡無蒡大徐本艸部後有从艸之字别从茻者皆大篆此蒡从茻是大篆也蒡京亦地名耳若因一京字遂牽合京師將衞之景山与京鄭之京城又係兩周何都乎今姑从舊說釋作旁京而存疑義于此揚舊無釋此字从立从古文昌是揚字也叚為揚說文揚去也揚壁廱者謂往去壁廱也令人但用謁如謁廟謁陵實皆揚字謁者問也非此義叚字行本字晦矣壁廱今省作辟雝白虎通辟者壁也象壁圓又目灋天也雝壅水象教化流行也此壁从早不可曉廱从水从口即邕字从皿蓋合龔字為之五經異義引韓詩說壁廱者天子之學所目春射秋饗尊事三老五更也此銘下文言大豐言射言龔禽言從餐皆饗射之

事与韓說合豐聶崇義三禮圖注罰爵之豐作人形豐國名其君坐酒亡國戴杅吕為戒儀禮大射注豐吕承尊也其為字从豆曲聲佀豆卑而大龏說文慗也義通恭此叚為龔說文龔給也令專吕供設字為之禽舊釋作牟孜敔敔云敔告禽馘百作禽禽彝云周公謀禽作禽兹与此同是禽字也此云龔禽謂禽牲也即周禮庖人掌共六禽也赤舊無釋此字上从大下从小非少字乃古文火字說文赤从大从火令俗作赤無謂也曶鼎錫女赤環作赤伯晨鼎黝鉄赤節作赤兹与此同旂舊釋作考下文同案說文㫃作㫃鐘鼎文从㫃之字皆作㫃乃旅之古文也此字从㫃下从丁乃斤省頌鼎鑾旂作旂可證若考字則从老非从㫃也禮月令孟夏之月載赤旂乃施之乘輿者令此銘云赤旂舟意舟車可通用乎否則赤旂舟名如說苑所記鄂君青翰之舟矣餐舊釋作死意謂叚死為事不知此字从歺从又篆形明是奴若死字則从歺从人大相徑庭矣奴為殘破殘毀

字非銘文所用義此段爲餐從餐者吕膳飲從王備食也即上文爲豐龔禽之事此言王在璧廱饗射井侯爲之供帳上食不失其時故云從餐咸時也内讀爲納舊釋作大誤寷字說文無但有籀文寑作𡪢漢隸字原四十七寑引說文古文作寷汗簡宀部𡨦下注云見說文知今二徐本寑下奪古文此銘寷字謂寑廟也綢舊釋作琱此字从糸實綢字介疋素錦綢杠疏綢韜也吕白地錦韜旗之竿此云綢戈則吕帛纏戈柄非琱字也厈舊無釋此字从厈从攴實厈字說文厂山石之厓巖人可居籀文作厈从厂干聲此又从攴則吕攴爲聲也殷蓋地名巳月謂四月淮南天文訓所謂斗指巳也舊釋月爲夕月夕古文自可通段然釋解之例本義可通不必變讀也百舊釋作酉吕爲古文酒字於文爲錫諸虎臣酒如此則下文家字何屬乎案說文百古文作百叔弓鎛俾百斯男之百作百茲与此肖是百字也虎臣百家即虎賁百人古偁人爲家禮記檀弓管庫之士七

十有餘家史記封禪書封泰山禪梁父者七十二家令鼎余其舍女臣十家三家褺臣三家對乃休㠯弓鏄錫女釐僕二百又五十家皆謂人也俾舊釋作矢此字左从及人右爲卑字詳亞尊葦舊釋作車詳吏尊勒舊無釋案毛伯彝金勒二字合篆作𩋻其左爲革字与此合靜敨鞞字从𦍧即此字之𣎵其冂即力字合之爲勒金勒即詩所謂鞗革也冕舊無釋案冕从冃二从八此㠯八爲冕同形叚借也舄舊無釋此篆甚明易識也逆舊無釋詳史頌鼎亾舊無釋力舊釋作父非力通功見左傳服本亾力即無功龏与上文大龏龠之龏形同義異彼叚爲龔給此用其本義謂愨龔也義說文云己之威儀也即儀之本字自僭義爲仁誼字乃造儀代義而用誼爲恩誼字矣龏義猶詩敬慎威儀也顯舊無釋詳史頌鼎顯考猶言顯相穀梁隱五年傳考者成之也詩作召公考皆此義寶侯乃王所遣錫命之臣光顯㠯襄成井侯之事故云顯考于井侯麥舊釋作師篆形實麥字

亦王使臣名棠井侯盉言于麦宮氏古鑑釋作釐即此麥字也說文麥芒穀秌穜厚薶故謂之麥厚薶二字即麥之切音今北人言麥音近薶知麥从來字得聲釋為釐正合古音師酉敦鳿歔丼向父敦𩞁𦇚史伯碩父鼎釐仲叔弓鎛𣪕僕汗簡引郭顯卿字指釐作𡍮皆从來聲可證也饗从匚与攸簋𢿓同皆𢆶省舟下从丿象舟在水上形造舟迎明命者甯侯与麥奉命來錫井侯井侯敬王命吕天子之舟迎之介延云天子艁舟是也鑄舊無釋孜邾公牼鐘用盥乃龢鐘鄦伯鬲作𩰫知此亦鑄字終作𠔉即說文終之古文𠔃也舟舊釋作甯篆形不合案說文𠣬帀徧也从勹舟聲凡周徧周圍當作舟自偕周為之而舟乃無人識矣此云舟德正謂周徧其德也德字省綏字吕妥為之与晉姜鼎妥懷遠近君子尨姑敦用妥多福井丼鐘妥賓鼓同神从彳汗簡彡部引林罕集字神作𥘺即此字反形惟吕彳為彡則郭氏之誤友舊釋作右右二字此實友字𠬛篆者說文友作

彔即此字旂舊釋作考説詳上文此段為祈二世字舊釋作之篆形實止字此當讀為世世从三十古文十作●亦作丨毛伯彝多世其孔寶作止从●易識也吳彝師遽敦世子孫竝作止从丨与此同難識世世神世命者世世保此神与命也此銘顯渾不減壁經三粤字自成章瀿盄鐘𨵦文中之絕品也

中尊博古圖薛氏款識作召公尊

王大召省公族于庚唐、辰具旅、王

錫中馬自百、貫戴、侯四、騳拜南

宮□貺、王曰用先、中蓺楊王

休、用作父乙寶尊彝、

休用乍文乙𡧜尊彝

省舊釋作召此字从屮下从目實省字庚午父乙鼎長省北田壴鼎省于乃身即此而鬲攸从鼎王命省史宗周鐘王肇遹省文武皆从木則相字也王氏釋南宮中鼎先省南國為相亦誤說文省从眉省从屮此从目即眉是省字也相从屮則木也公族公徒也楚語在中軍者王族而已注族部屬也唐蓋文作𢈪舊釋作庚器文作𢈪實唐字左傳尹辛敗劉師于唐杜注唐周邑春秋大事表七之一今河南府洛陽縣具舊釋作辰此字从貝即貝字加廾為具說文具从廾从貝省此从貝不省宗周鐘具見廿又六邦与此同具旅謂備具師旅猶言成一軍也中人名百舊釋作自此篆本自字文義不協當釋作百說文百古文作𦣻自古文作𦣹形近可通用峿臺銘周行三四百步之百篆作𦣹唐人尚有用自為百者非王𨐌所得知也馬百者百匹也戴舊釋作貫此

字从□即車鐘鼎文輦字多从□吕□象車兩輪吕田
象車箱故置于兩輪之閒此置于下體為累耳□即重
戈說文車轄文作轙从重車□戈即此字此又从𠂤与
尊从𠂤同蓋緐文也医在說文為古文矦字此讀為鏃
說文鏃矢金鏃翦羽謂之鏃通訓吕医為射医从厂象
張布形矢集其中侯从人医聲五等爵也謂許書誤并
矦医為一心源吕医字為最古矦後出鏃又後出此云
医四謂四矢即詩四鏃如樹矣拜舊釋作嬀即騅字案
此實拜字从手从古文頁召誥孔傳所謂首至手也友
敔既拜䭫首作□豦□拜䭫首作□竝可證拜从頁
頁从古文首作□即旨字下从□即小篆□之□乃古
文奇字人也馬古文作□从□亦首字象項巤形下从
朩即小篆□之下體象足尾形此拜之頁乃与馬同所
謂古文變省往往涉于佗字者也南宮姓氏也其名不
可攷況王無釋然王書載南宮中鼎三器其弟一器即
余此書之中鼎文云太史況王釋作括引書南宮括辭

氏據之釋此尊之況為括不知彼書第一器竝無南宮
之文所謂太史況者原為太史之名且篆形亦非括字
也今攷攈古遺文況作員即此字此用為貺說文新坿
貺賜也新坿攷云古止作況礼聘義北面拜貺左傳襄
十五年亦無貺也尒疋貺賜也釋文竝云作況武帝本
紀拜況于郊遭天地況施應劭曰況賜也皆是本字此
从二說文遺之而收于李氏幸矣拜南宮貺者槃南宮
中鼎弟三器云王命南宮伐反虎方之年王命中先省
南國是南宮氏出征中為前驅㠯證此銘知王錫車馬
四鍭于中正㠯謝其從南宮出征之勞故曰拜南宮貺
呂覽注訓拜為謝可㠯解此或曰王何拜臣之貺賜予
不知此古人文法讓言耳左傳晉穆嬴倚先君謂趙宣
子曰吾惟子之賜曲礼大夫見于國君國君拜其辱亦
斯意也王曰用先者王命中㠯此車馬四鍭為王前導
蓋引而近之㠯示優異左傳使執寢戈而後先之是其
義揚舊釋作埶槃此處文義洩是揚字佗器揚休字作

[illegible]皆揚字此从木从一从丮制合揚楊二字爲之南宮中鼎弟三器即阮氏之南宮方鼎文云䚇王居叔弓鎛而𢺶斯字書皆以揚爲揚舊亦並釋作埶非也古人通段甚寬師艅鼎對揚乃德辰自敢對揚王休並呂陽爲揚又何疑于楊乎三氏不諳古篆不顧文气謂此器乃周王褒大召公之後而旅陳其王所錫之馬驍驍眾多錫馬蕃庶驍于南宮呂南宮爲廟夫呂庚辰絕句則上文于字無謂呂驍字領南宮二字爲句古人無此不通之文至于篆形全昧又不必言矣薛氏呂召爲召命雖糾其義仍不得篆形使見存説當起痼疾矣

悉尊或作兄尊

□悉 作兄 □日壬 寶尊彝 □卣

悉舊無釋此字从心即心字从旡即及欠字說文㤅惠也寶愛之本字今皆用愛而悉廢愛行皃也非恩惠義此悉乃人名日壬二字合篆舊無釋日字甚明壬作工与工字近父壬爵之壬作工可證也叔宿彝作日壬寶彝鬲篆作旦尤為明顯日壬者記日也說詳讐彝觚文有㞷者亦日壬二字或釋作祖工非也末一字舊無釋或云卣字存參

戟尊或作己尊

立戈穿貝形戟
己

戟舊釋爲立戈穿貝形此實戟字害敔琱戟作戓褢盤琱戟佮𢦏無叀鼎琱戟作旿伯戟父鼎佮蔿龍伯戟文作𢦏蓋篆形本戛字用爲戟說文戛戟也是也此尊文移日于戈字之橫筆爲巺耳父戊鼎之平亦戛字古者武事最重故戈戟刀矛弓矢皆箸之器以銘功也復齋款識父癸鼎𣏟據嘯堂集古録亦釋爲戈穿貝形阮氏依吳侃抃釋作成以林爲準象|爲繩象○爲權象引周禮毛詩左氏穀梁介疋說成者平也不知林既非準象權爲稱衡何以施于準上𣑈會無理経注不能震曜也須知此亦是戛字与此尊同意耳此下有己字或人

名或記曰或記數皆未可定

越季尊或作季受尊

作考□臧父尊彝、

貝二朋、保褒乃休、用

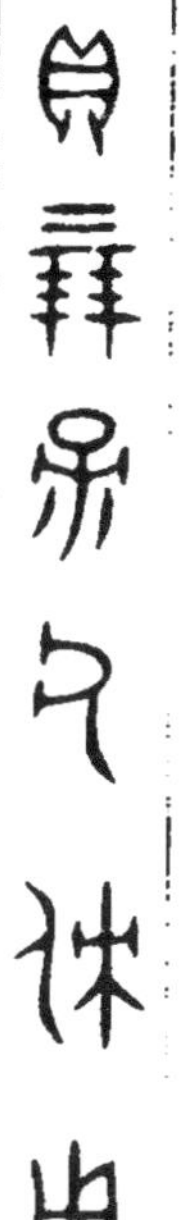

□追休于□越季、受

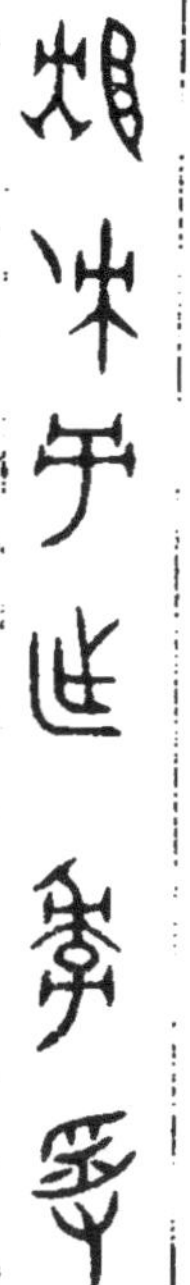

此銘當左行讀之追舊無釋此字从大者从走省也右肩即㠯之緐形大肩四注乃其筆法本銘中于季保乃

休考六篆亦如此可證也追从辵与从辵同意三家㬱[illegible]休于小臣字亦从辵文洤亦同追為人名与此葢一時事矣休者嘉也越舊無釋此字从[illegible]即戊从乚即辵省乃越字也越季作器者姓字二朋舊止釋作朋古朋字从拜从一象連貝形六書故豐下引唐本說文从豆从山拜聲儀礼注豐从豆曲聲今說文奪厺拜字擘経室文集云豐从豆山象形拜聲今案經傳作朋朋古文鳳字篆作[illegible]与拜形近聲同也呆說文云古文保字此用為褒追有休嘉于越季越季受其貝作器吕褒揚其休也臧舊無釋此字从戈从爿實戕字或云右旁弋乃女字从女从爿妝字也二篆皆用為臧父讀為亶父之父臧父越季之父字也

萬諆尊或作鬻尊

萬諆作茲□釁、用高□迺尹

人配、用鬻歠信侃多友、其尊側作从

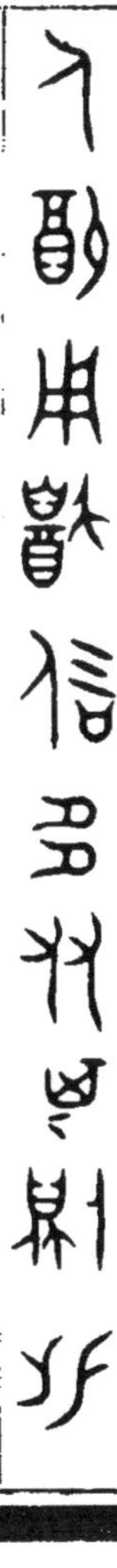

鬻彝爵、用寧室人員人、萬

季寶用、作高念于多友、

佚宦用乍盦于丑牀

萬諆人名鬻字剝蝕舊無釋此字上體从𦥑下體右肙有屮即冃冃字毀其半當是鬻字說文鬻从爨省盍省林冃火三形此省林火不省冃耳孟子趙注新鑄鐘殺牲㠯血涂其釁郤因㠯祭之曰釁太公簠敦南文竝云作釁与此同蓋祭器也迺舊無釋說文作𠧧隸篇引尹宙碑迺字云石鼓文繹山碑皆㠯為乃字尹人配者萬諆妻尹氏也飲舊釋作鬵此字从𠙵即倒令字卯敢令余非敢蔑先工篆作亼即此彡从人即欠从酉實歙字俗作飲侃舊釋作信案說文侃从信之古文㐰下从巛此橫巛為三而迻于㐰上為異耳侃用為衎邾氏鍾用喜侃兮仲鐘用侃喜竝可證側舊釋作尊案說文則籀文作𠟭从鼎曶鼎則拜䭫首作𠟭此从貝實𠟭省而㠯刀配其下乃側字也从舊釋為作此倒書从字左丿為人右𠂆亦人也義同從今音去聲副貳也太公敢云從敢

可吕訓此鷩字頗蝕篆形本醬字用為鷩爵舊釋作彝非其側從鬻爵者謂于尊之側副吕爵也上文作竝釁乃亯尹氏之尊此爵則亯員氏者丈意賓主自清故兩言多友非贅也員舊云通娟路史高陽後有員氏當依文讀之念舊釋作亯此字从心从令實念字令人吕死者生時衣物予人謂之遺念亦曰畱念即此所云作念也

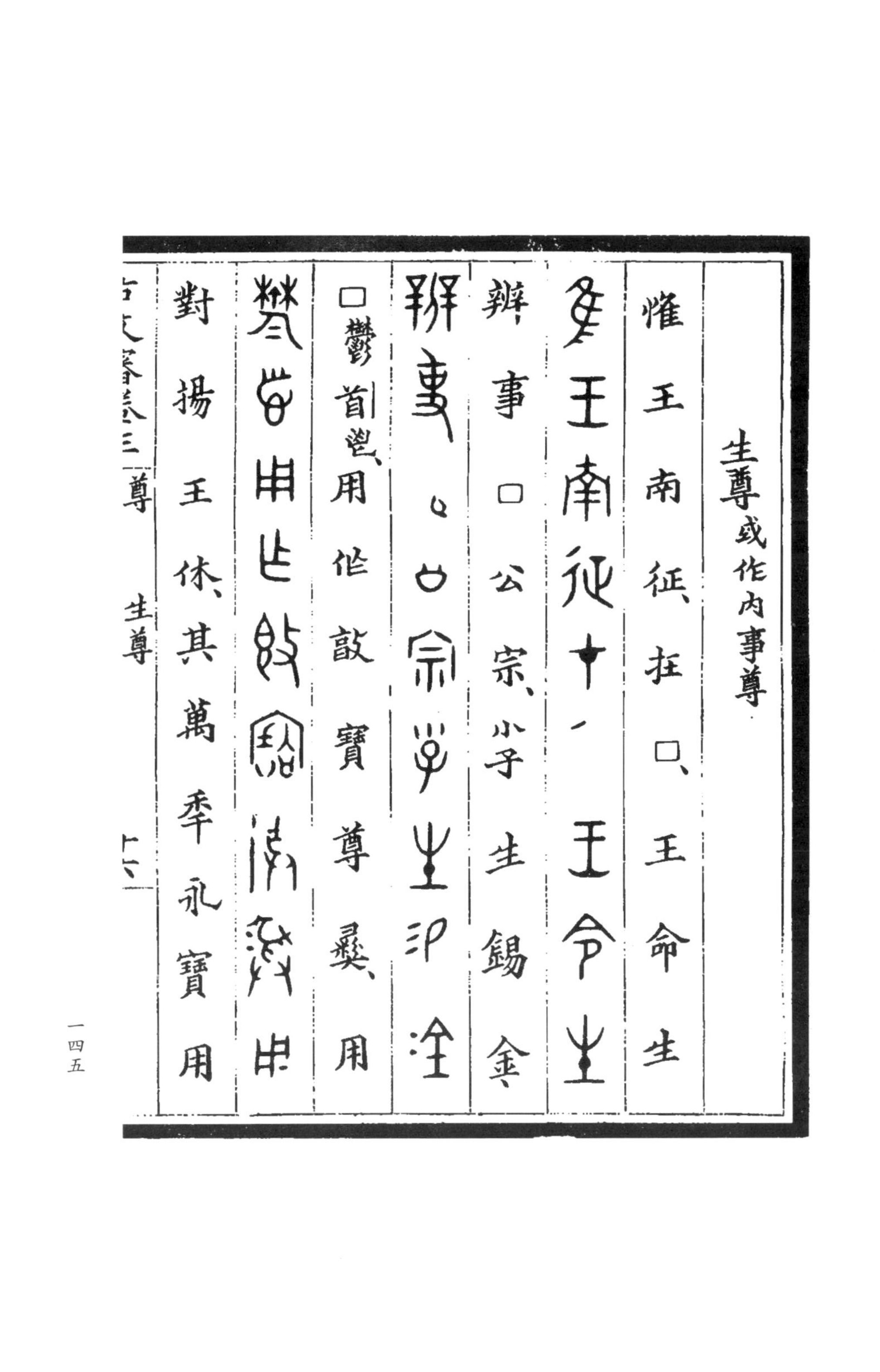

生尊或作内事尊

惟王南征、在□、王命生

辨事□公宗、小子生錫金

□鬱首鬯、用作敱寶尊彝、用

對揚王休、其萬季永寶用

饗、□出內入事人、

拄下一字剝蝕文義當是地名生作器者名事本吏字古通用說文事古文作叓形亦近也事下蝕一字公宗宗廟也鬱舊無釋孜孟戠壺鬱邑作䖼與此同說文鬱邑字从臼鬱茂字从林古實通用令嫥用鬱矣邑舊釋佔首令呂文義定之王制諸侯賜圭瓚然後為邑未賜圭瓚則資邑于天子生之為侯呂否未可知也饗呂卿為之詳令鼎出舊無釋詳井侯尊案留鼎𠚕字从止乃蚓字左即出山左金石志呂為从心从月恆之省文不从止止疑非畢氏蓋未悟及出字也入呂內為之金石萃編焦山鼎𠕊字引翁氏考釋作內門二字讀內為入

云說文入内也内入也古字通用是也出入事人者自勉之書或云出内讀出納然義亦猶是出入也舊釋割内事二字吕目此尊則銘末一人字何著乎

吏尊或作事尊

事吏 作 小 旅 車 輦 彝

吏舊釋作事古文吏事通用此為人名無義可說當依本字讀之㫃即旅字謂陳物以祭也鐘鼎文㫃即㫃字所从也亦省作㫃非止字㫃旅等字从㫃亦从㫃小篆變作㫃令作㫃此旅以㫃為之同形得叚借也庚𡟰鼎以衣為卒克尊以雨為霸雚𩰫以禾為季漢五銖錢文梁時太平百錢文並以金為錢是其例輦舊釋作連以籀文車作𨏥也細審此从斗非重戈乃二大字橫書之佗器多作𠦃𠦃二大即二夫古夫大通用亦同形叚借也莊子田子方篇釋文司馬云夫夫大夫也一云夫夫古讀為大夫今案繹山泰山琅邪碑大夫篆作夫二此夫

大通用之碻證是則从二大从車即輦字也用為左玉右連之誹字實用為槤說文槤瑚槤也明堂位夏四連殷六瑚皆祭器瑚本字作盬一作簠笑医匿後人吕珊瑚字為之而槤亦配吕玉鐘鼎文止用輦別疋胡輦瑚連也引韓勅碑修造礼樂胡輦器用又引隸釋云胡輦者瑚連也又引明堂位釋文連本又作連許印林別疋訂云本字作槤是也古器多有旅輦之文各家皆釋作旂車殊不可解今細審之乃知咎卣[illegible][illegible]父丁卣[illegible]仲隶尊[illegible][illegible]角甗[illegible][illegible]壹甗[illegible]父甲彝[illegible][illegible]壴卣[illegible]對廣彝[illegible]叟彝[illegible][illegible]皆旅輦二字孔鼎之[illegible]魯侯彝之[illegible]舟虔敦之[illegible]篆形本車字而与旅字連文則當讀為輦亦同形叚借也各家皆釋為旅車不詞矣若旅文作車者不在此例至如旅文作輦者弃觚[illegible]輦卣[illegible]會意象形淩非車字牧敦有金[illegible]賁[illegible]畫[illegible]之文豈得槩釋為車金下之字从重車从戈乃轂省也是為車字賁下一字从重車从十十此說文較今俗作較者也畫下則輦

字也或曰輦用為櫨則是器名此尊也何呂云作旅輦曰此尊又有彝字彝亦別一器矣古人諸器一時竝作而總記于一器故多兼言者如魯公鼎師旦鼎麦鼎云作尊彝殷尊又卣大壺獸爵子鬲子甗云作彝遺小子敦云作濡䵼戲伯鬲云作觵鼎諸女匜云尊彝如斯之類難可殫究此之言輦亦其比也

案求古精舍金石圖載周旅車鼎篆作[illegible]亦旅輦二字程抱之不知其義乃呂周礼齊車拊會之本義不通而緣飾經傳宜其瞞也

父乙尊 博古圖作月星尊

□父月乙星子□

舊釋乙為月○為星上下為禾稼形薛氏本之釋作月季己父為禾屬下子字為季皆非也父字最明乙字反形下為子字此子為父作者也何必坿會文雖乎

古文審第四

賜進士出身翰林院編修督理五城街道事務掌江南道監察御史劉心源學

櫑卣獻文

齊侯櫑　筠清館

齊侯中□罍□歸、器喪其旅師、齊侯

命太子□成□□造□□宗伯

聽命于天子、曰、諆則爾諆、

余不吝其□事、□女受□歸□

□御爾其齊遵受□齊

矦拜嘉命□于天子、用璧玉

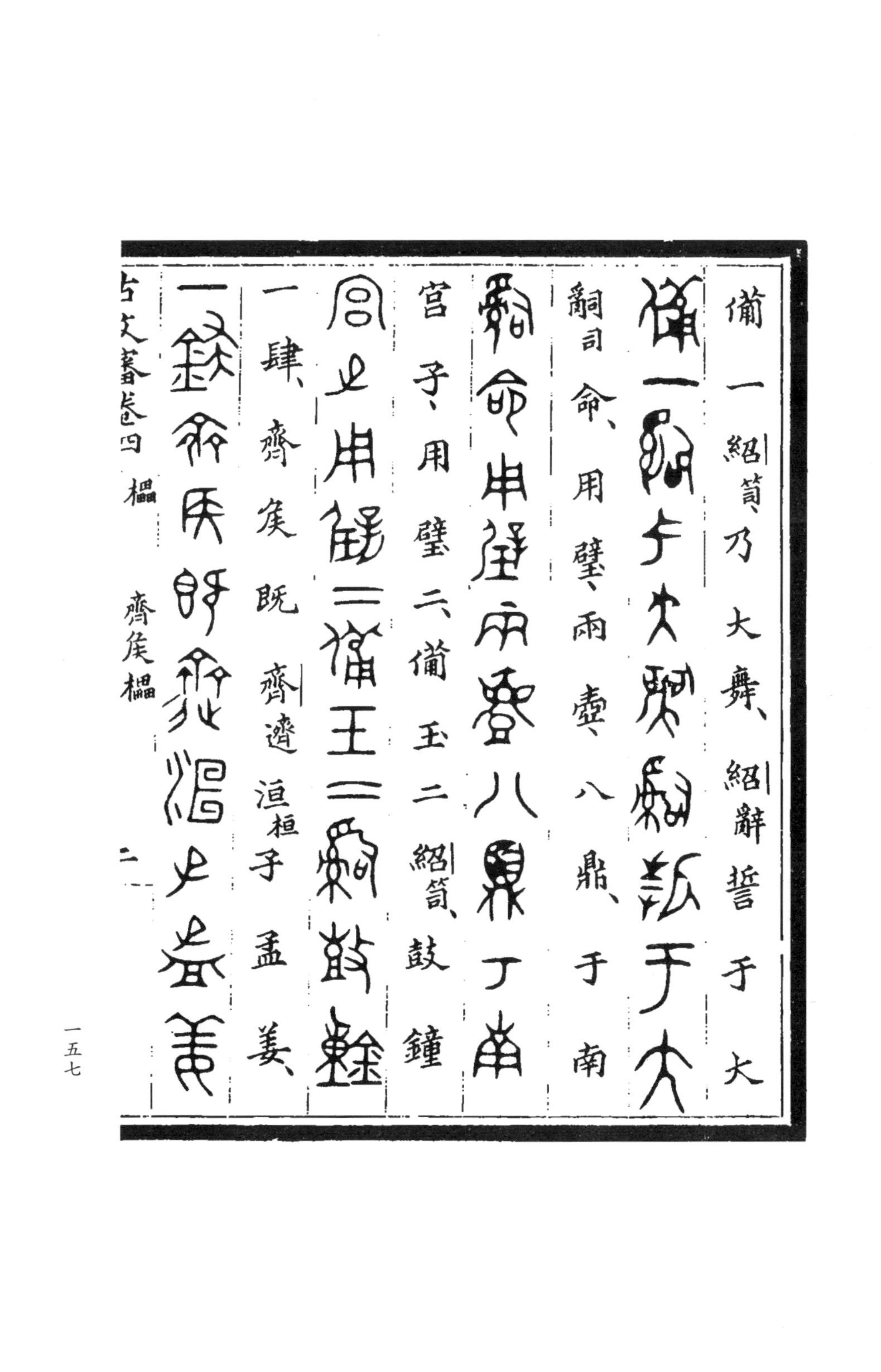

備一紹訇、乃大舞、紹辭誓于大

嗣司命、用璧、兩壺、八鼎、于南

宮子、用璧二、備玉二紹訇、鼓鐘

一肆、齊侯既齊遵洹桓子孟姜、

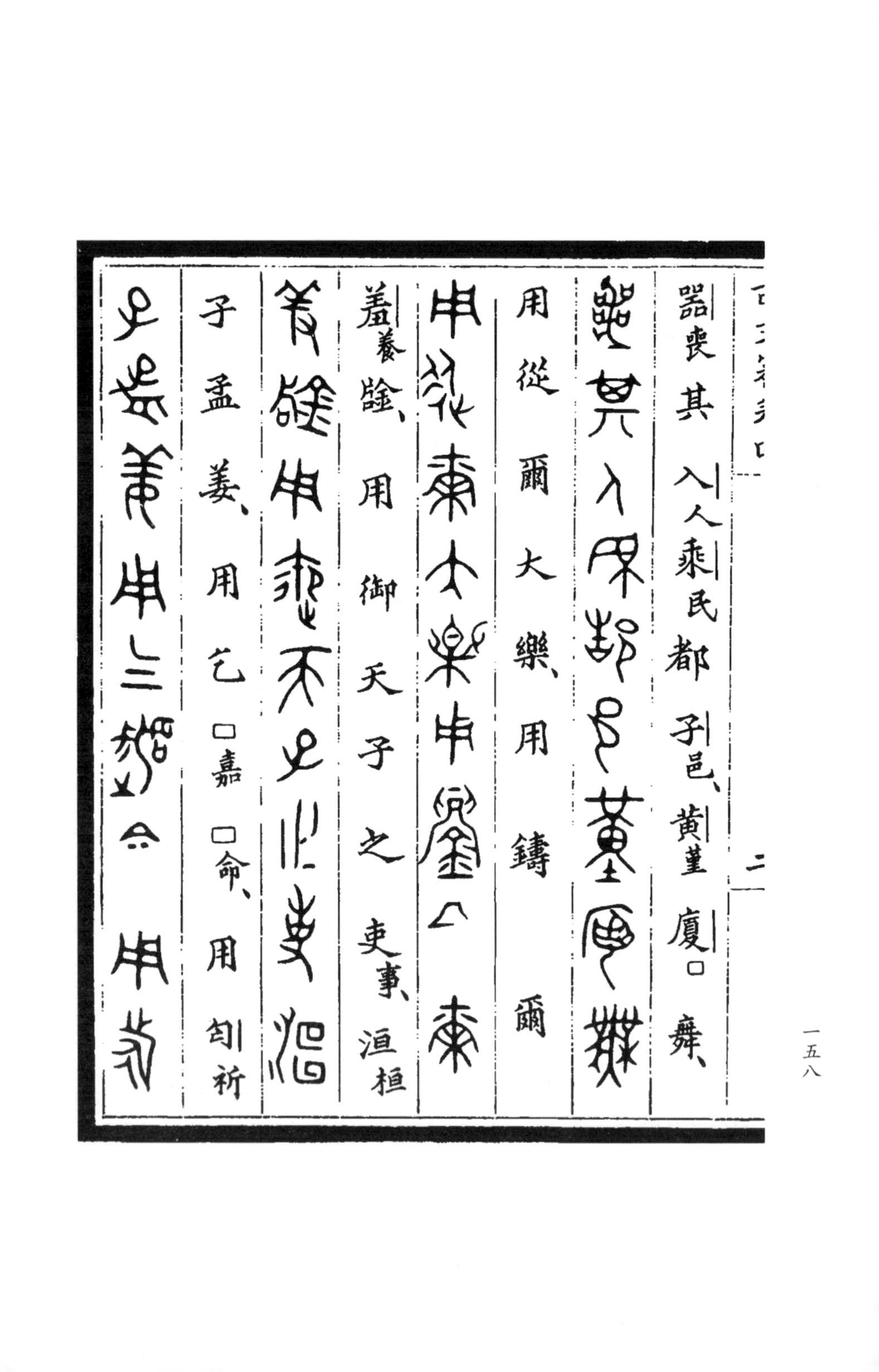

器喪其入人乘民都子邑、黃堇廈□舞、

用從爾大樂、用鑄爾

羞養饍、用御天子之吏事、洹桓

子孟姜、用乞□嘉□命、用匃祈

冐貴壽、萬季無疆、用御

爾　吏事、

筠清館載此拓本有二冓為本館拓本字肥有奪扁纏複霚阮氏所釋者後銘為蘇州貝氏藏器字較瘦語亦完善龔定盦所釋者今从後拓摹入案阮吕銘中𤔲字為絀讀為韶遂牽合銘中舞字鼓鐘字大樂字又坿會一不可識之夏字釋為夏舞謂陳桓子引韶為重於是吳中丞謂此器為韶樂夏舞而作并作歌吕張之何子貞吕董字為陳子疆之名陳慶鏞謂昭子莊即董愈說愈岐皆未達銘意也今正之櫑上女字龔釋作中冓拓

無然此字上體蝕去亦非女也櫑下一字舊皆無釋細審寶歸字喪阮無釋龔釋作器下文同桊𢍰拓作〓与成鼎炗〓字同是喪字也師舊皆釋作旅桊抃弓鏄師于淄涶作〓此其剝文也造字不可識𢍰拓作〓令孜頌敨監司新〓抃弓鏄〓而倗剔竝与此肖是造字也聽呂聖為之書無逸此厥不聽漢石經作不聖礼記樂記小人呂聽過釋文聽本作聖廣川書䟦泰山篆皇帝躳聽史作躳聖是也輔行傳引風俗通聖者聲也可為聽之訓甚即諆說文諆欺也不即否字事字蝕太𢍰拓作〓猶可識事下一字亦蝕𢍰拓作〓是女字也〓从辵从齊阮無釋龔讀齊此即躋字从辵与从足同意叔弓鏄小心龔〓篆作〓讀為齋此則讀為追謂追討之𣪘上文齊侯凵〓歸喪其師齊侯命太子某造宗伯聽命于天子其曰諆則爾諆余否其事又曰爾其〓乃天子敎齊侯追討也故下文接云齊侯拜嘉命于天子味下文云齊侯既〓桓子孟姜喪其人民都邑則所追討

者桓子也呂此知所謂□𨤏歸者𨤏為地名𨤏之役為齊侯與桓子君臣交攻之事孜左傳齊有兩桓子一為晏桓子名弱晏嬰之父也一為陳桓子名無宇敬仲五世孫也晏弱非權臣此銘當指無宇經傳雖無齊侯與陳桓子交攻之事然左傳載無宇伐欒施高彊而與鮑氏分其室是時景公尚在而擅自稱兵其無君之心顯然矣此銘可補經傳之闕嬀育于姜桓子始大齊侯不能自討而聽命于天子天子曰爾其追攺逯大夫天子亦無如何矣嘉字二本皆有剝畫與嘉禮尊之嘉肖命下一字殘歬拓作于是也𤔲歬拓三見後拓四見歬拓備一𤔲無𤔲字蓋奪去也𤔲說文云籀文辭字鐘鼎文多用為司治嗣等字此銘四𤔲字用亦不同備一𤔲及下文備玉二𤔲皆讀為笥𤔲誓于大𤔲命一句中兩用上即辭亦即詞下讀為司舊皆釋作紹承阮之譌也阮云紹从糸說文糸古文作𢆶檢鐘鼎司字糸旁皆無作巾者心源案說文糸無古文系惟有籀文作𦃃故奚下

云从籀文糸省阮未檢許書也阮意葢謂从屮者爲嗣字从巾者則爲紹字其實嗣字从屮从巾古無定例如康鼎曶鼎叉尊吳彝害敢諸嗣字固皆从屮而叔弓鎛司苏釐邑造作𤔲司字系𤔔正从巾至如阮氏款識所載究彝司工作𤔲𠦪叀鼎司徒作𤔲亦皆从巾此阮所手定之書其忘之邪阮云紹从糸者欲示別于嗣吕申其韶舞之説彼説文紹古文作𥿋汗簡引作𥿋是古文紹从糸从卲非从系也即吕阮所釋本證之一作𥿋一作𥿋一作𥿋左爲𤔔字右爲碻是司字絕不佀召字若依彼釋爲紹讀爲韶則𠦪拓本一云用璧備玉于大舞韶一云誓于大韶命一云璧二備玉二韶鼓鐘古人有此不通之文乎讀者平心細審當知鯀生非有意爲難也舞字亦剥𠦪拓作𤔲是𠦪字也用爲舞誓吕折爲之司命者五祀之一見禮記注獨斷云祀之于竈漢書天文志斗魁戴筐六星曰文昌宮四曰司命晋書天文志司命司怪太史主滅咎又西近文昌二星曰上台爲司

命主壽楚辭九歌有大司命与此合案周禮呂樵燎祠司命是其祀已久矣肆从金吳中丞云合鼓鐘呂會意也周礼小胥凡縣鐘磬半為堵全為肆桓呂洹為之齊侯鐘桓武靈公作𦧺又一鐘作䢇古文通叚不足異也人龔釋作入民作乘竝非𢍏拓民作尸尤明顯晉姜鼎擘我萬甲毛伯彝惟甲無造竝同都阮釋作郜此篆从𠯑乃者省非告字古籀補引此句作喪其人民都邑是也堇从黃土古文堇字見說文堇下一字龔釋作廈古籀補作匽皆未碻阮作夏云从网目从夊合下無字解為夏彝今審阮所釋本弟十二行篆作𦧺弟十五行重出此句作㒼既無网目又皆从女知其有意埘會也今案文意堇下當是二地名無讀為舞即孟子朝儛或讀為蕪漢書地理志泰山郡有萊蕪縣堇即覲頌鼎入堇寵是也齊侯追桓子敗之因覲見此二地之人而相与凱樂故下文云用從尒大樂養阮釋作義龔作羞攷說文養古文作𢽾从攴此从又与攴同意单光生豆云美

豆即此又魯伯愈鬲云羞鬲害歆用饎乃祖考亦此字𥁕字不可識蓋器名也嘉命二字殘迹尚可推得既釋作飲食非桓子初則諆君及齊侯追討之而喪其人民都邑于是來乞嘉命齊侯許其自新故下文云用祈眉壽用御介事蓋至是而君臣如初矣祈舊釋作勻非詳叔弓鎛賢詳鑄公簠此銘記齊侯追討陳桓子之事自首至用璧玉備一笥齊侯請命于天子既得命而致祀也自乃大舞至八鼎誓于神以求祐也自于南宮子至一肆礼于人以結援也自齊侯既追桓子孟姜至用御天子之事勝桓子而銘功也自桓子孟姜用乞嘉命至末桓子請罪而齊侯使復其所也何嘗為樂舞而作哉

𣚘卣博古圖作尹卣

惟十有二月、王初祭旁祊、唯

還、在周、辰在庚申、王歙西

宮糦烝、咸釐、尹君錫臣唯雀、𣚘揚

尹君休、高對、作父丙寶尊彝、

尹君其百亙萬季受乃礼魯嘏、無

競在口服祀異長侯矢、其子子孫々

寶用、

祭从宀从又持肉从食會意旁舊釋為旁死魄非也旁蓋地名或云旁用為祊說文祊為鬃重文礼器注祊祭

明日之繹祭也謂之祊者于廟門之旁曰名爲棠此銘
云祭祊又云惟還在周則祊爲地名可知攷左傳隱八
年鄭伯使宛來歸祊水經沂水注引杜預釋地云祊鄭
祀泰山之邑也正義天子祭泰山必從往助祭使共湯
沐焉故公羊謂之湯沐之邑然則此云祭祊云還在周
謂王祭泰山而還也歆从广从會楚良臣鐘歆飤謌彝
与此肖西宮宮名見散氏盤烝舊釋作糦此从米从豆
太師盧豆云作𤼷尊豆攷說文登籀文作𤼷知此爲籀
文登省也再省則成豆畢段敦王貞畢登亦从豆皆𤼷
字也汗簡米部引義雲章蒸作䕬知此登亦烝也古籀
補釋盂鼎𧶠爲烝而未己汗簡證之令爲申言於此礼
記祭統冬祭曰蒸此云歆登即淮南時則訓大歆蒸也
雀字上下體互易舊釋作唯非雀即爵字說文云所己
歆器象爵者取其鳴節節足足也尹讀爲君詳琥卣楚
作器者名也高對猶言上荅高者尊崇之義舊己尹休
高爲人名於揚字何讀乎互舊釋作百非說文柩竟也

古文作亟从二从舟此从月說詳伯晨鼎魯用為蝦婁見之矣在下蝕去一字㠱舊釋為祀案凡將篇㠱与杞同說文㠱長踞也集韻㠱國名皆非銘意此用為忌即周書所謂敬忌也服忌服敬也一說服即伏㠱即踞服㠱者蒲伏長跪也矢舊釋作矦非詳延𡙇長矢即永矢也

𡰥伯卣筠清館作睘卣

惟十又九年、王拄室厈、王姜

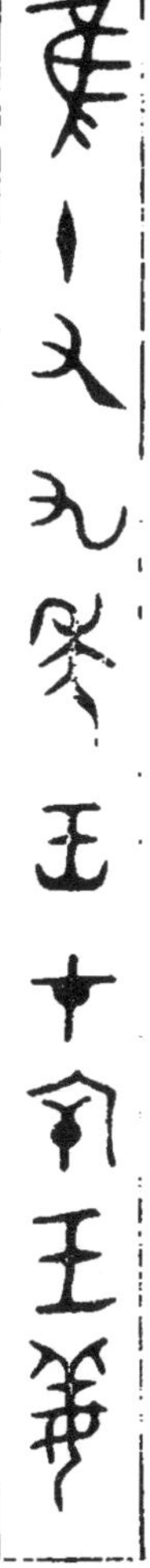

令作冊、睘安从𡰥酉伯、伯賓睘貝

布、揚王姜休、用作文考癸寶

尊器、

厈舊釋作室此字从厂从干實厈字說文厂籀文作厈凡厓岸曰厂詩河干吕干為之厂字最初籀加干後人加山為岸此厈為地名或即干詩出宿于干王氏地理攷引郡國志衞國有干城路史國名紀蹇朱處干干國又并侯尊王在厈皆未知是此厈否也王姜王妃姜氏毛伯彝言王姤亦此例䍜人名安者置也謂置之于人也莊子天地篇共給之之謂安可作此訓𡰥舊釋作从人意吕此字上為人下為二古人凡纏出字下一字多省作二謂二即上一字故釋為从棨此字上尸下二古文夷字也說文不載入正篆而㷉下云从𡰥遲重文亦从𡰥繫傳𡰥音夷復古編亦云古夷字說又詳師寰敦此𡰥伯為人名伯舊釋作皕亦吕白下有二字謂是兩百字故釋作皕讀為奭又因下文文考二字謂此卣為成王祭文王廟器皕為召公奭不知白即伯下二字仍是

白所謂重出字下一字省作二者也白原可用爲百亦當隨文義讀之若白二則斷不可釋作皕矣伯賓睘貝布者尸伯呂賓礼礼睘而贈呂貨貝泉布也文考二字古器婁見如云烈考顯考非必周文王也舊說蓋坿會耳

尸伯卣　乙

壴卣 博古圖薛氏款識古器評竝作單癸卣考古圖作單冁癸彝

冏百爵、選恭單蘄景山阜、

癸、夙夕饗爾

宗尊彝、其㠯父

子壴作父癸旅車輦

文考日癸乃及方祊

此銘當左行讀之汸說文云古文方字令俗作舫大般涅槃經音義四分律音義竝引通俗文連舟曰舫是也此用為祊詳楚卣亦政堂博古圖正篆作[illegible]从古文示此言癸日正及祊祭呂啓下文作器之意也壴辪釋作豐呂作豐竝非說文壴陳樂立而上見也義通豎此壴為人名輂舊釋作車詳吏尊夕呂月為之古通用丬弓鏄外字从月夲銘夙字亦从月竝可證饗呂卿為之詳令鼎百舊釋作冏非禽彜錫金四鍰牧敦四寮竝与此同是百字也爵从雀从手象形會意字也恭本共字蘄从止从單乃蘄省攷召仲考父壺用蘄賢壽即此叔弓

鎛作岕齊侯鑘作岕則又省單也非止乃放字詳叔弓
鎛舊吕也屬上共字釋作選止識得一單字而不知共
蘄二字合篆即恭祈也山阜二字亦合篆皆象形字考
古圖横琢一斝字之鮮王氏釋作景張才甫乃吕單景
為單襄公之族吾不知此輩所謂罔爵選單景五字作
河解也案山字最明見薛書伊夔及摭古遺文阜即説
文之闘网㠯之間也从㠯許分网部者吕㠯為陵陸
等字所从㠯為闘闢等字所从也故大徐皆作房九切
篆韻譜收入四十四有繫傳㠯下有一闕字謂許氏闕
其聲也段注云佀醉切大徐依𨻰讀也然各家所刊大
徐本仍是房九知段所見本異矣恭祈山阜者頌禱之
詞即詩所謂如山如阜也他器有省作單而吕山阜二
字配之者
亦此意

琥卣或作尹格卣

乙亥、尹君格刊于宮、庚商□琥錫易□四

聿書𠃌二、□琥用作父丁尊彝、

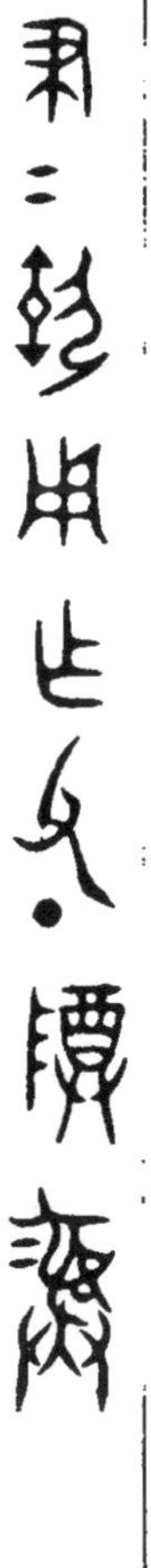

尹讀爲君古文通用左氏隱三季經君氏卒公穀竝作尹左氏昭二十季傳棠君尚釋文君或作尹是也于舊釋作刊非詳并庚尊商舊釋作庚非說詳商女鬲琥舊無釋此字从□即玉从□即虎丁琥卣文作□父丁卣作□饕餮彝作□皆琥字琥爲玉器此人名也易舊釋作錫當讀如本字說文作□鐘鼎文篆形不一𧇴叔鐘

作易叉尊作易郝遣敨作易箕文簋作易与小篆近餘
或反形橫書或上下參互鐘鼎家知為錫忘其為易此
則為易経之易非錫也四舊無釋說文四籒文作三即
此字書舊釋作聿案篆形本肀字用為聿實用為書說
文肀手之巧建也聿所目書也楚謂之聿吳謂之不聿
燓謂之弗書著也从聿者聲是則聿即古筆字書字从
之知聿即書字矣古文凡同形之字例得叚借如禾為
季衣為卒雨為霸金為銖為錢皆可證說詳叓尊此肀
必為聿目文義知之聿必為書目与易對言也或直讀
為筆亦可二舊目兩注筆釋之佀仍讀為聿者於文義
殊未憭也易四書二記其部數讀此銘知賜書自古有
之可補經傳之遺矣阮氏歎識刊宮尊与此全同而蝕
太乙亥尹叒商琥之琥父下無丁字商字剝落而為丙
彼亦目于為刊易為錫又釋四為二聿為隶琥為埶引
論語馬注目釋隶謂埶當釋為先種早種之種又謂隶
埶當是粟米二種埶當釋為春獻種之種杜撰支離未

見此卣故也且四字甚明何呂釋爲二
也惟谻字引方言至也義同格爲得耳

寡子卣或作丕叔卣

啚𦎧丕不叔淑、策乃邦、惟烏虘虖、□誶

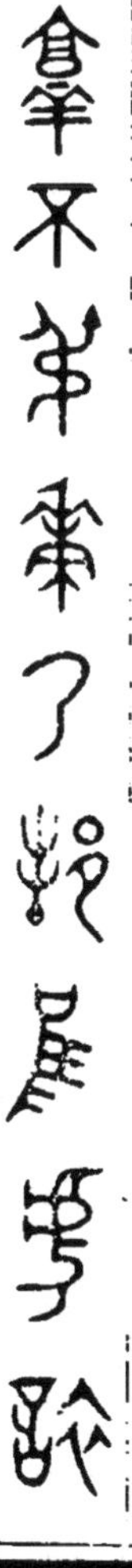

帝家吕巳□寡子作、永寶、子、

𦎧舊釋作啚此即純孰之純蓋人名叔用為淑不淑不善也自謙之詞舊釋作惟依古籀補釋作烏案毛伯彝𣪕虖丕顯揚之烏与此合虖从虍从了即乎省毛伯彝作乎亦同誶舊無釋此字从言从衣衣為卒之省文庚嬴鼎卒事之卒作衣可證說詳彼銘此誶用為瘁已舊釋作吕此當讀為已矣之已案俗師相沿分吕巳為

二此不諳古文之過令人書古作以益即繹山刻石之㠯吕即說文之㠯鍾鼎文之㠯已止已矣字即吕篆文六經四書皆作㠯是也詩斯干箋云似讀為已午之已已續祖妣者謂已成其宮廟也此又可見漢儒用已午与已然同音今俗強分殊無謂矣寡舊無釋今依古籀補篆此字从宀从頁乃寡之省[illegible]即首字鍾鼎文㝱見百所从也寡子猶言孤子

𡧊生卣或作𡧊卣

𡧊之生商 盟饗用 作父辛尊彝

子孫

生舊釋作之篆形實生字宜生人名君奭散𡧊生孔傳散氏𡧊生名未知是其人否也商饗舊釋作商盟案廣疋釋詁一商常也即此義饗从囧於明字不類知囧即皀省八即卯省下从血取血食之義實饗之古文也商饗者常饗也或云商讀為尚春秋說題辭及尚書璿璣鈐並云尚者上也商饗即上饗令人祭章例用尚饗二

字此卣其
権輿乎

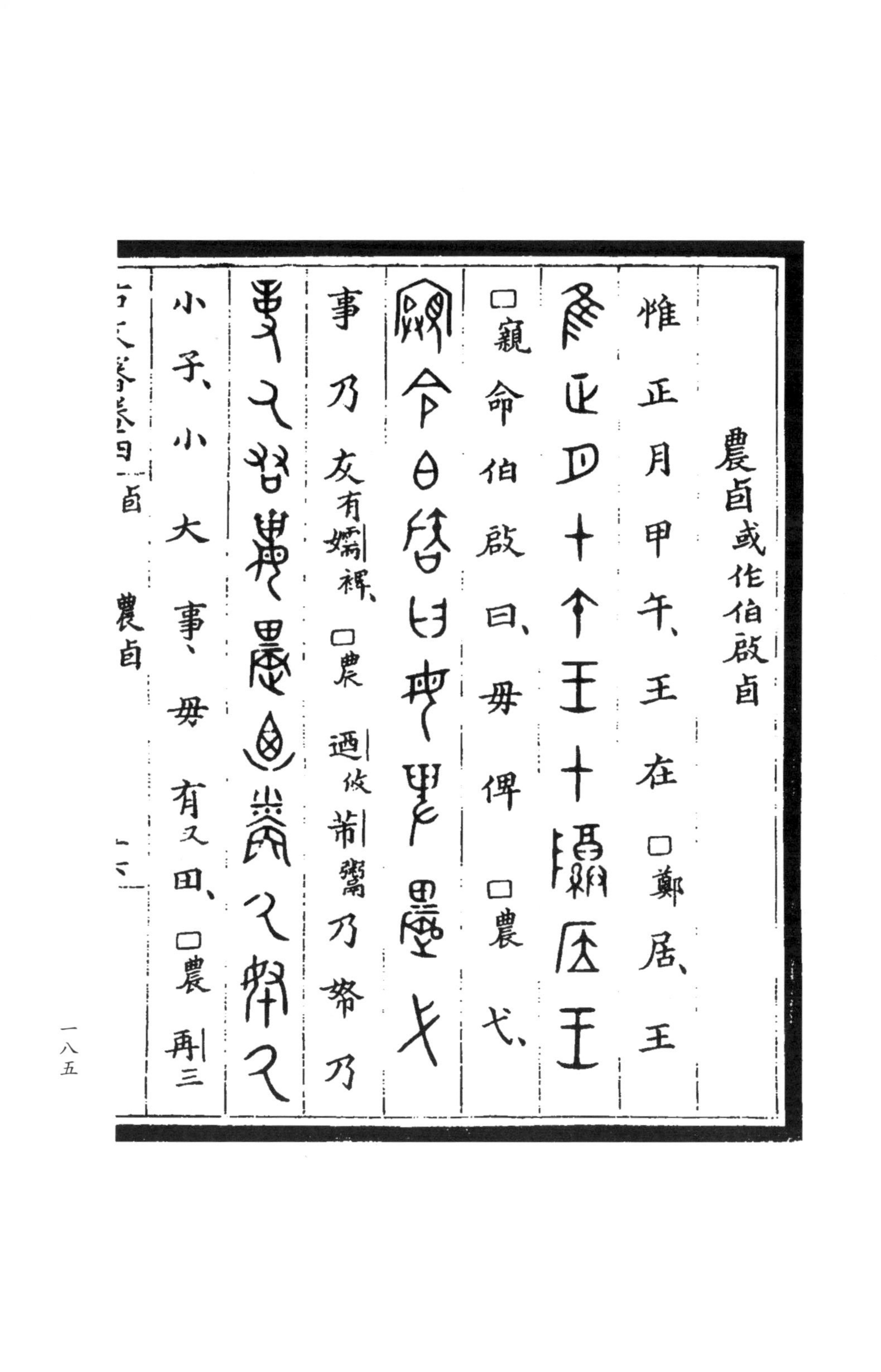

農卣或作伯啟卣

惟正月甲午、王在□鄭居、王

□親命伯啟曰、毋俾□農弋、

事乃友有嬬裨、□農廼攸芾鬻乃帑乃

小子、小大事、毋有又田、□農再三

小子小大事戎女田畯三

拜䭬首、敢對揚王休、從、

拜䭬首敢對揚王休從

甲字在字皆作十古文常例如戎說文作戒从甲繹山刻石作戒戒關中金石記戎从十十古文甲字戎早等字因之心源案早說文作𣅀从甲隸書从十又案在作十亦作十乃才字也用為在𢦏字从之隸作𢦏从十吕此如隸書亦多省从古文也鄭舊無釋此字从隩鐘鼎文中尊字例如此又从糸為縛說文叢豁中女子無絝吕帛為脛空用綫補核名曰縛衣狀如襜褕非此所用義此段為鄭𠐱器多用奠為鄭惟唐典奠用隩此卣用縛皆鄭字也宂𣪘亦云王在鄭居孜竹書紀年穆王吕下都于西鄭初學記云鄭宮春宮見紀年林氏紀年補證

云穆王所居有鄭宮春宮此云鄭居疑即西鄭之宮也
竆舊無釋呂文義篆形定之說文竆至也史懋壺繹山
會稽刻石皆用爲親字毋篆本母字卝弓鎛罰朕庶民
左右毋諱㙒鼎毋有遠女皆用爲毋俾篆本畀字余于
亟尊釋畀字窮證多矣皆不若此字之尤明碻也彼文
漏引特補于此呂砭余之疏而益堅余之信云冰用乡
俾卝弓鎛畀百斯男齊侯罍畀旨畀清兹可證農舊無
釋此字上从田下爲辰字見散氏盤彔伯戎敢古用辰
爲晨說文晨房星爲民田時者此从田辰會意爲農也
咎爲友之古文見說文此用爲有論語有朋自遠方來
釋文有本作友顏淵集解有相切磋之道釋文有本作
友鹽鐵論殊路篇引春秋傳季友作有知古友有通用
禆舊釋作嬬此字从母从畀古文毋女通毋字本从女
也知此爲婢叚爲禆攸舊釋作迺古文卣卣字多捉當
隨文讀之此處文義爲卣用爲攸禹貢陽鳥攸居豐水
攸同漢書兹作卣是也鬻舊無釋此字从古文米从鬲

說文鬻从𩰲𩰲即鬲之古文此[illegible]亦鬲也大戴礼夏小正傳鬻也者養也是其義粥在說文為粥藏字通俗文庫藏曰粥正法華經音義二普曜經音義一竝引周成難字云粥音湯是也此用為妻孥字說文無孥經傳妻孥字本作帑蓋叚帑為奴俗造孥吕別于帑謬甚田者田獵也三字最明舊釋作再非揚篆本陽字叚為揚与師艅[illegible]同銘言王命其臣伯啟戒其臣名農者毋使荒于弋射于事乃有裨益惟加意于所鬻養之妻子及小大之事毋又驅騁田獵也弋獵本一例事故并戒之農受戒懲其肯愆故云從舊釋吕伯啟有行役之事而申命毋擾蓋未達銘意也

貉子卣

唯正月丁丑、王格于呂、□□王

隹正月丁丑王各于呂□王

田牢于戎廞、罟咸宜、王命□士道、歸

牢于□□宜王令□歸

貉子蔑鹿再三、貉子對揚王休、

貉子鹿三貉子對揚王休

用作寶尊彝

毋呂又為之形𦬕皆得叚借呂地名別一洛子卣作㠯則非呂字疑宰畫剥蝕也呂下一字舊無釋別一貉子卣作𣪘疑數字詩如左傳呂數軍實之數然未敢定也宰舊釋作田非儀礼少宰饋食釋文養牲所曰宰廄舊釋作成此字厂下从𣪘乃𣪘字伯龢鼎敢對揚作𣪘然虎彝敢肇作作𣪘茲同知此為廄說文廄釜也一曰地名此銘當為地名戓𩰫釋作周別一貉子卣作戓亦非厩字戓宜謂宰中所養之獸皆嘉也士道人名此二字合篆舊無釋士下為道字散氏盤表于原衜曾伯霥簠衜賜金汗簡行部引古尚書道作衜皆可證別一貉子卣士道二字不連道作衜尤明顯歸即饋字潛研堂聲類四引聘礼注今文歸或為饋心源案論語詠而歸鄭注魯讀饋為歸書序王命唐叔歸周公于東作歸禾史記魯周公世家皆作饋論語歸孔子豚孟子注引作饋

皆是也鹿三舊釋作戲再文義篆形皆失鹿字
象形即牢中之物王命士道饋三鹿于貉子也

諸姰甗　筠清館作七月甗

𦅫中（格上三矢形）七月　爲　口　太　亞中　卑　諸姰祀太
卣形斝　子　尊　彝　尊　子尊彝

畀舊釋作格上三矢尊舊釋作卣斝皆非詳亞尊此甗文与古鑑諸姰尊全同諸舊釋七月二字引龔氏說云七段泰爲之月象哉生明之形案此字从米从冂即〓米爲古文旅者字所从也泰篆作〓与此別此者省白作冂亦非月字者用爲諸井侯尊侯錫諸虎臣百家篆作〓邾公望鐘吕豈諸士篆作〓兹可證續山東考古錄諸城縣下引春秋莊二十九年城諸及防漢書地理志琅邪郡有諸縣姓觿云路史大彭之裔封諸因氏諸

爲魯邑令案姓考云越王無諸之後則諸氏有二也姛字右从女左从句舊釋分爲二謂女是爲字㠯左匑句字与弟二行尊字連篆遂㠯句爲司而屬尊字云古文有字合數文會意者不知姛字最明無勞強說左匑句从ㄗ即㔾字田盤駒从句仲駒父敢駒从句豈皆司字乎說文姛嫗也諸姛者諸氏嫗也与諸女匜一例祀舊無釋吳子苾云當是台之省文或是紉之省文皆非也此實㠯字說文作㠯云从反巳反巳者倒巳字也許書凡倒文亦云反幻字說解可證也巳篆作㠯㠯即㠯之倒形古文㠯巳已不分說詳寡子卣此用㠯爲巳即祀字詳

應公

鼎

古文審弟五

賜進士出身翰林院編修督理五城街道事務掌江南道監察御史劉心源學

彝文

毛伯彝

惟八月初吉、狂宗周、甲戌、王

命毛伯□吏□虢城、公服聘甹

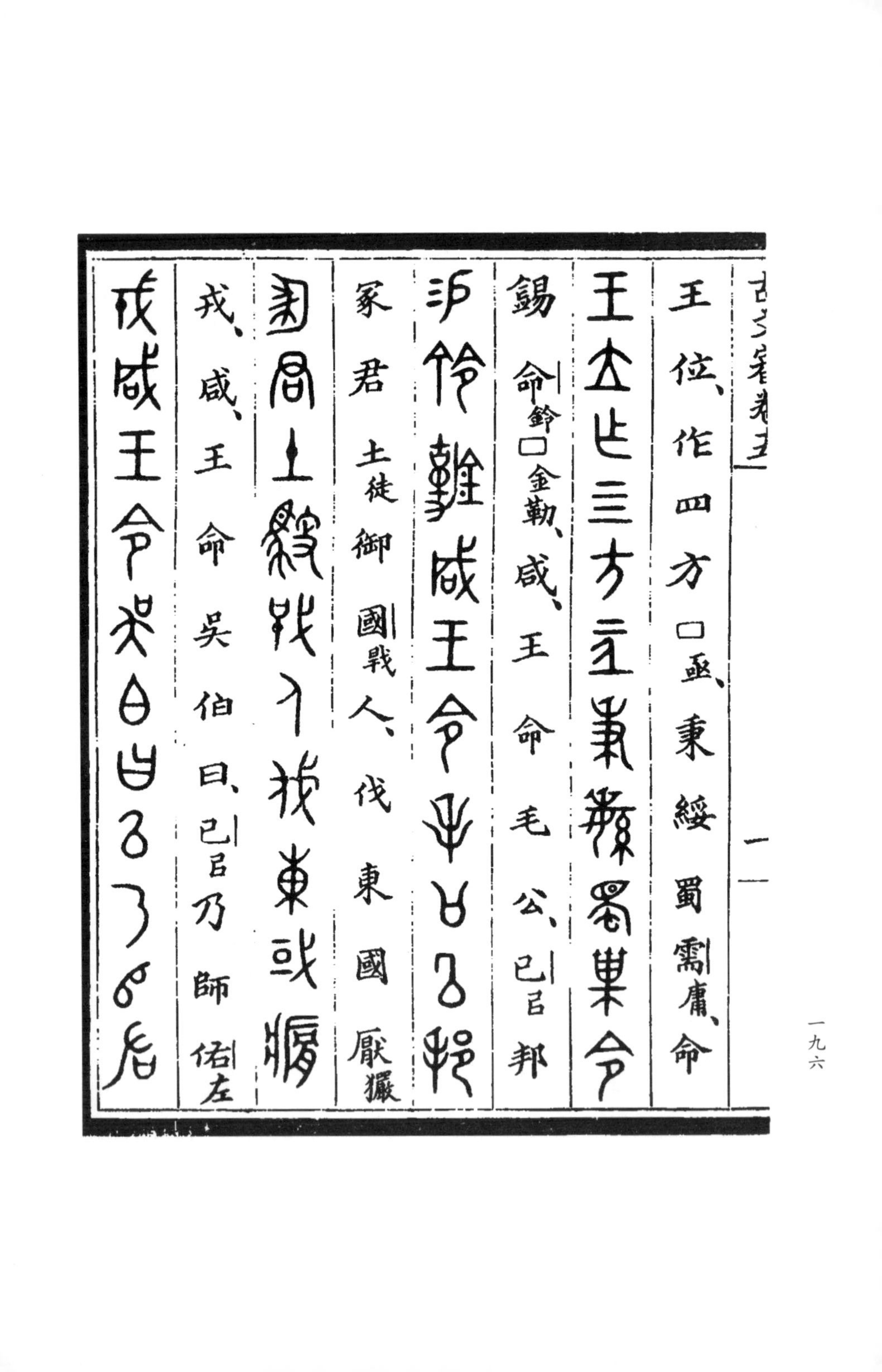

王位、作四方□亟、秉緌蜀需庸、命

錫命鈴□金勒、咸、王命毛公、已呂邦

冢君土徒御國戩人、伐東國厭獵

戎、咸、王命吳伯曰、已呂乃師佑左

友比毛父、王命呂伯曰、己吕乃師

佑右友比毛父、遣命曰、己吕乃族

從父征、造城、衛父身、三年

静東國、作亾丕不成得羼、天俾否丕

里畀純陟、公告乃事于上、惟

民作亾造、在彝恃昧天命、故亾允

在顯、惟昭苟德、作亾迺攸違、班拜

𩠐首曰、安烏口虖、不丕某顯執皇揚、公

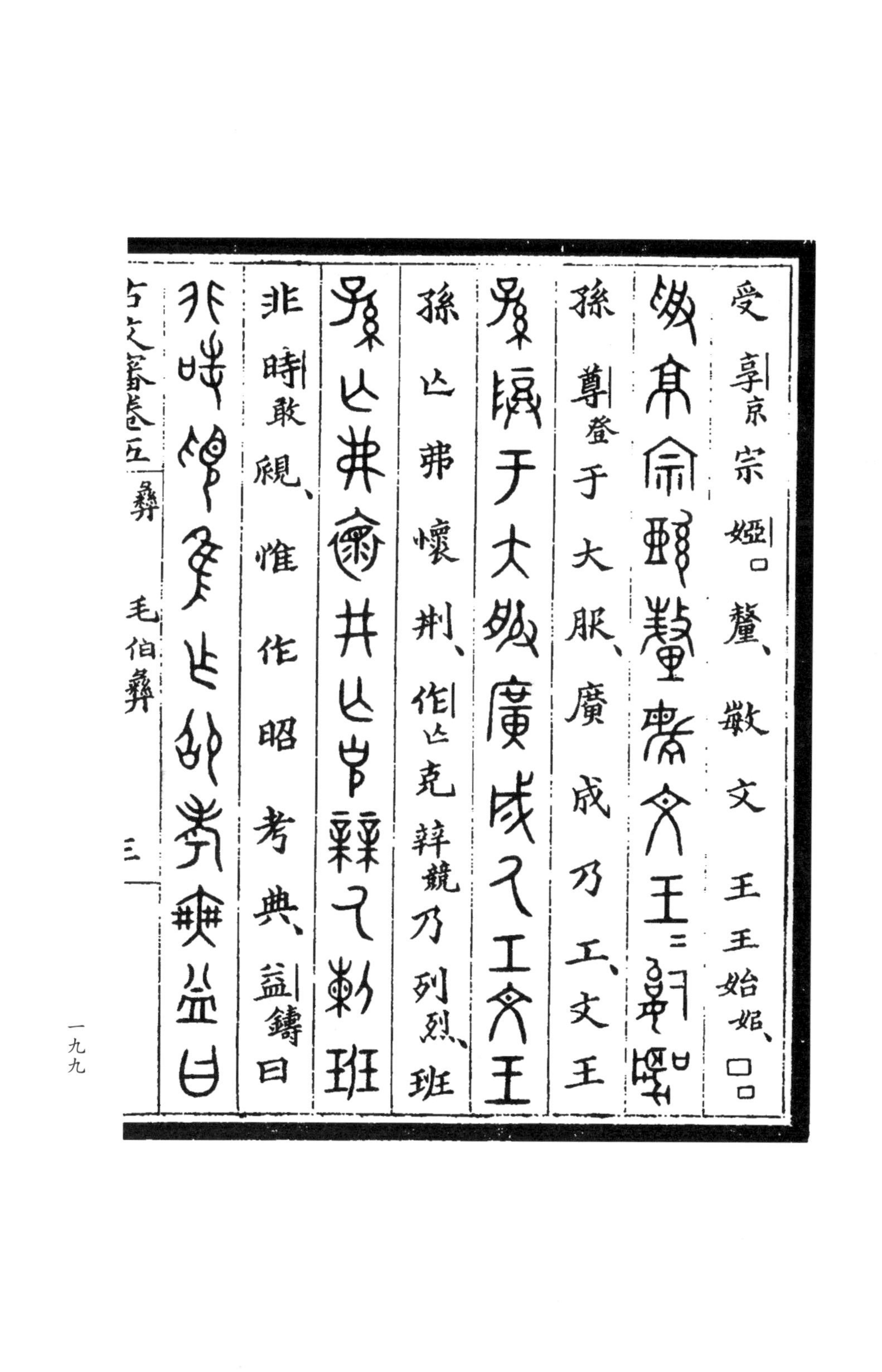

受享京宗婭口釐、敟文王王始姒、口

孫尊登于大服、廣成乃工、文王

孫亾弗懷刑、作亾克辟競乃列烈、班

非時敢覨、惟作昭考典、益鑄曰

大政、子子孫孫多世其永寶、

案銘云毛伯毛公毛父本一人而偁不同耳又云班拜拜䭬首班非敢覭班為毛伯名竹書紀秊穆王十二秊毛公班共公利逢公周帥師伐犬戎此云伐東國厭戎穆王都于西京則所謂東國者吕在西京之東言之太原吕外皆是也銘首云吏虢城地埶亦合舊吕此為成王伐淮徐之役令據帝王秊表推之成王四年伐淮夷至穆王十二年計百二十有三年毛公班于成王時尚未生也吏舊無釋鐘鼎文駛字从此是吏字也賈子大政下篇吏之為言理也續漢百官志注引太公陰符藝文類聚五十四引風俗通竝云吏者治也是其義曶鼎命女[illegible]乃祖考司卜事師龢父敢既命女[illegible]乃祖考皆吏字叚為嗣舊竝釋作御葢誤吕駛為馭詳大鼎虢舊

無釋城从𩫖籀文城字見說文粤舊釋作聘文義不協說文粤亟詞也亟詞者敏速之詞服粤王位者服事敏速于王位言勤勞王所也位㠯立為之潛研堂聲類三引周禮小宗伯神立注故書位作立鄭司農云立讀為位古者立位同古文春秋經公即位為即立是也方下一字舊無釋疑亟字用為極庸舊釋作需孜毛公鼎𤰔集乃命毳季子白盤𤰔武于戎工茲与此肖是庸字也石鼓文機格庸庸作𤰔此省用身蜀庸二國當从武王伐紂者華陽國志庸蜀屬益州意當日撫綏蜀庸毛伯實司其事故云秉綏鈴舊釋作命此字从亼即金省唐典彝己酉戍命隮亦釋作命其實鈴也鈴隮當是二地名此鈴即和鈴金勒二字合篆舊無釋鈴勒車馬之飾王命毛伯㠯之錫蜀庸之君咸字絕句咸者皆也兩君皆錫之故曰咸徒㠯土為之牧敵司土可證馭說文云古文御字今俗分用非戰舊釋作國誤仍為戜此字戈肅从早即旱字說文戰為干盾本字自僭干犯字為

之而戰廞戰人者執干盾之人吕所主之事名之也厭戎疑即玁戎咸字亦絕句言毛伯吕此徒御戰人咸往也吴即虞金石文跋尾云衡方碑不虞不陽即不吴不揚之別古人吴虞多通用仲雝吕居吴偁吴仲而左氏論語皆作虞仲潛研堂聲類引漢書地理志武王封周章弟中于河北是謂北虞世謂之吴心源案虞仲地理志吴越春秋皆作吴仲公羊定公四年伐鮮虞釋文虞本作吴史記孝武紀索隱虞吴聲相近兹可證師吕吕為之詳晋姜鼎吴伯吕乃師后比吕伯吕乃師司比上从𠂇即左下从又即右蓋分為左右二軍也舊皆釋作佑誤二比字舊亦誤作友比者坿也遣命曰者王既命吴吕二伯分左右二軍比坿于毛父此又總命而遣之故下文統言乃族時毛伯在虢城故云造城造者至也礼天子同姓謂之伯父毛為文昭故偁父亾讀為無舊釋為作不舊釋為丕巽用為斁舊釋為得此言玁戎作亂人皆厭斁之令東國既靜無不成其厭斁之心也巽

詳小子彝鼎否讀為丕畀付也舊釋作里非純吕屯為之鐘鼎文婁見尸子廣澤篇溥介純夏皆大也言此乃天使東國大為畀付而我用大登其功也昧舊釋作恃此字从心从未實昧字言民之所吕無造者無佗在于常昧天命也天難諶斯惟在顯明其德故云無允在顯惟敬德無攸違也敬舊釋作昭誤仞為卲也此字从羊省从□从口即茍字說文作□云自急敕也从羊省从包省从口口猶慎言也从羊羊与義善美同意古文作□从羊不省此与从艸从句之茍且字迥別敬字从茍取義故讀茍為敬牧敦争□夙夕亦吕茍為敬或讀此茍如本字謂自急敕其德亦直捷案儀礼聘礼賓為茍敬注吕茍敬為小敬是讀為茍且字也其實亦茍字卣用為攸詳農卣舊釋作迺非烏舊釋作安非虘舊無釋二字詳寡子卣丕顯揚三字舊釋作不某執皇不詞古不丕同字顯作杯即㬎省說文㬎从日中視絲古文吕為顯字大徐作五合切非也師遽敦敢對揚天子不杯

休即此鼎之碻證揚字上下離篆此字从丮从㞷康鼎對揚敔卣對揚召伯虎敦對揚吳彝對揚竝可證京舊釋作亯非京宗京師之宗廟或曰京大也京宗即大宗宗下一字舊釋作㛂文義篆形不合或是䋣字未敢定也娟舊釋作始此字从女从台从彐益合司始二字為之此用為娟古文台吕同字始篆省口即為娟說文女部無娟而鄧威二字說解有之鐘鼎文例用始為娟如頌鼎皇妣龔姒是也師旦鼎作周文王太姒寶尊彝已有娟篆矣公娟敦作𣪘與此同王娟即太娟也毛伯既告事于上又受釐于宗廟致敬于文王王娟歸功于祖父之義也娟下一字舊無釋今仍闕疑或云嗣字存參登舊釋作尊此字从自从𨸏文登省寶隥字用為登競舊釋作䇂業競者爭也說文䇂辠人相與訟也亦有競意烈詳大鼎敢舊釋作時業鐘鼎文敢作𢦏此从吉即𢦏其為敢無疑鑄舊釋作益業邾公牼鐘鑄作鎜鄦伯鬲作鑄井侯尊作鑄皆与此肖此較省頗佀益字耳鑄

曰大政者言呂昭考之典鑄之此
彝名曰大政即左傳鑄刑鼎之意

居彝 筠清館作居後彝

居後道□甗曰、君舍余三鍰鏞

戟戠在寺、貣負余一斤斧、女在錫鐊、貣負余一斤斧、

素賁貣負余一斤斧、赶迁舍余一斤斧、余

鑄此康彝、鄉卿、

居人名下一字舊釋作後此字从〓即〓从〓即〓合之為頁說文頁古文吕為䭫首字謂古文用頁為䭫首之首通乏頁即首李陽冰曰不當音頡令業伯晨鼎作〓伯龢尊作〓皆从𩠐頌鼎〓麥鼎〓曶鼎〓師旦鼎〓冢彝〓靜彝〓般尊〓皆从頁可知古文𩠐頁同字矣此頁即首加走為道古走辵亦通用也三家彝追遣小子敦遺皆从〓說文起之古文从〓竝可證道字从頁即所謂古文用頁為首也散氏盤表于原〓詛楚文康回無〓汗簡辵部作〓是古文道从頁也道者謂也大學道學也道盛德至善道得眾則得國皆其義道下一字舊無釋審是𢿘之反形稍有剝畫𢿘亦人名下文君字正指其人鑪舊釋作鋑又吕為鋒皆謬此字金旁為膚即鑪字說文臚籀文作膚知盧膚古通莊子釋文引崔注鑪謂之瓮此云三鑪蓋量名也哉在孚三字舊

止釋作戟案戟字鐘鼎文㠯戞為之詳戟尊說文戟从軏不从𢦏也況此下明有在乎二字洩非戟也案師虎敦載先王作⿹𢦏食从食𢦏聲此从日即食省是⿹𢦏食字說文作飤設飪也石鼓文酋車飤道㠯飤為載墉夜君鼎云⿹𢦏食鼎㠯載為飤此𢦏為孰食即饌膳之類故云舍余三鑪飤也在㠯十為之乃才字婁見之矣守㠯文義審之當是地名負舊釋作貧下同此字貝上為友人非从弋後漢書左雄傳注負欠也斧舊釋作斤云从又者斤之異文不知斤上為文非又字也當依古籀補釋作斧此叚為釜論語集解引馬注六斗四升曰釜周礼疑義舉要云鄭世子據管子輕重篇謂五區為釜乃八斗也在舊釋作女此亦才字古文用為在填實書之為十空其中則為中矣錫舊釋作錫此為鍚之借字詳令鼎此彝用為地名或是記其食時也餐人名舊釋作素玫抹弓鑄為女敵賚作寮毛公鼎卿士賚作寮可證此是賚字迂亦人名舊釋作赶誤㠯于為干詳王子吳鼎迂从辵

此从走義同已詳上文彝舊釋作康敦十月彝云自作飤𩛥亦此字吳中丞又釋作𦨶吕為舟之叚借皆非案中義彝云自作食𩛥阮釋為彝是从乁綏聲也當从阮釋郳舊釋作鄖注云从尸取造酒有節彼誤吕上文彝為康又誤吕郳為兒遂謂康兒猶康爵不知左彝碻是兒右从尸即邑省邑原从卪也銘末云郳者記地也春秋大事表卷五邾公子友國于郳今山東兗州府滕縣東六里有郳城續山東攷古錄引黃縣志云南十里有歸城齊遷萊于郳即此土人曰灰城齊乘倪郳城名小灰城春秋地理考實僖七年小邾下引彙纂宋忠曰邾顏別封小子肥于郳為小邾子今滕縣嶧縣竝有郳城樂史云郳城在丞縣文獻通攷郳城今沂州嶧即古丞地據此則在嶧者為是此銘言施舍逋負之事与習鼎同義殆周礼所謂大約劑書于宗彝乎

女嫠彝 筠清館作女嫠彝

女嫠嫠 萁墓刊于王、癸日、賞嫠嫠貝朋、

用作嫠嫠尊彝、

嫠舊釋作嫠此字从𣬛即務知嫠古文从女務小篆省力从敄墓字省土用為勤宗周鐘墓疆土㪟㸗簠肇墓經德茲可證于舊釋作刊非詳丼侯尊此言女嫠勤勞于王也吳中丞不識刋字故云萁刊不可曉吾因此于字益信丼侯尊所引之碻矣賞嫠㠯為借商為之是也詳商女鬲

父甲彝 筠清館作輈形彝

父甲 鑄 作旅 車二輈及輪形 輂

舊釋云古者受車馬之賜則銘于器凡言旅車旅者衆也鄉行旅從也亦或不言旅獨爲車形案此等訓解侶是而非最易惑人不知旅即旅于泰山之旅凡車之上車之旁有作𣏟形者皆輂字即从玉从連之瑚璉字也淩非車字其獨爲車形者或是器或是姓或是人名旅文無證不在此例其車字上連旅字爲文者則車爲輂省亦是旅輂也如此銘末一字豈得釋爲車二輈及輪形乎鑄下一字舊釋爲作此乃旅字鐘鼎文亦作𣏟

又作𠂤詳晉姜鼎叔弓鎛此𠂤即𠂤亦即旅然則鑄下為旅輂二字也說文詳吏尊

公史彝

公史□事右有自洎用作父乙寶尊彝

舉鬲、人拱物形 子孫寶之、

公史人名下一字舊無釋或云遘字未敢決也有吕又為之舊釋作右非洎舊釋作自此字从自从水乃洎字与泉暨通盡也事有洎者事有終也冎即鬲字舊釋作舉此謬始于考古圖後人皆承其說朱右甫又從而坿會之其釋王氏款識冎己卣云古文舉象鬲引薛氏云集韻鬲音舉支鬲也林乃舉省耳棨說文鬲所吕枝鬲

者从𩰫省鬲省徐音渠容切六書故引說文作支鬲支訓為持義与舉同𩰲舉二字形亦相近孜齊侯鎛鐘銘格字正佀鬲字介疋釋訓格格舉也知丁度此音必有師說古舉字正从𩰲但形有緐省耳心源案鼎爵觶卣等器皆有冄字實為鬲字鼎爵觶卣而云鬲者所謂本銘不言本器而言佗器如魯公鼎師旦鼎貉子卣乃云作尊彝般尊大壺獻爵子鬲乃云作彝戲伯鬲乃云作鼒諸女匜乃云尊彝是也朱氏釋卣文為舉者意㠯卣為酒器不得言鬲蓋不知器銘之變例也且冄与舉篆隸兩體無一筆相近說文𩰲从鬲省云所㠯枝鬲者則𩰲為枝鬲之物別是一器明矣豈謂舉鬲乎丁度之音縱有師說亦不過讀為舉音而已非謂𩰲所从之冂為舉字也𩰲本从冂乃謂古文舉正从𩰲不亦傎乎至謂古文舉象鬲㠯齊侯鎛之𩰲為格介疋格訓舉㠯韋合之是明知釋冄為舉恐人㠯鬲字駁之乃因鬲及𩰲因𩰲及格因格及舉駕橋設渡無當也吾見博古圖遇有

冄冄字輒吕杜舉解之讀者鮮不謂典正不知篆形已誤經傳不能取飾也此銘言作尊彝鬲記尊鬲于彝者所謂諸器竝作而記于一器也例言已詳之末四字舊釋為人拱物形非也𦥑為子字又為孫字古文子孫通用子字下體二亦子字古文凡兩字同形連用者下一字省作二吕繹山刻石夫=字例之則此當讀子孫二字也介即宀此銘當為寶省古文寶多从介也孔尊寶尊彝之寶作介可證或釋為犬蓋不知古文同形叚借之例如雨為霸禾為秊也末一之字甚明銘蓋言子孫寶之也

吾見卣文八爵文丫尊文八彝文八敦文宀此皆瓶文去可證者而鐘鼎家率詮為舉有說乎吾將質之

縣妃彝 阮氏款識作揹妃彝

惟十有二月、既望、辰在壬午、伯辟

父休于揹縣妃曰、祖、乃左揹縣伯

室、錫女妹妝十角□埶虎□我□周琱玉玉

黃圖□揹縣妃女毋又忽伯辟父休、

曰、休、伯見玒褱居立、郁卹揖縣伯室女君、

我惟錫壽、我丞烏能耒穌眾洎揖縣

伯萬季保、豼肆燕揚陣筆于彝曰、

其自今日、孫孫子子、毋敢望忘伯休、

甘貞今子孫=子=中成以鄉日休

休者嘉也詳越季尊縣舊釋作楷吕為緗字非也此銘下文作𣝫𣝫从木系首會意乃縣字叔弓鎛其縣二百篆作𨟎鄦子鐘中懸且揚作䮆皆与此合說文作縣云从系持県案県即梟斬字形為倒首縣字从之知本義為懸挂匡謬正俗云字縣州縣字本作寰後借縣字為之遂更造懸字下輒加心此縣伯𥁕縣氏伯字也擅弓有縣賁父縣子瑣又云縣氏之廟皆可證虘即說文䖒此用為祖乃女也左即佐助字伯辟父嫁縣妃于縣伯命之曰往哉女其佐縣伯室也妝舊釋作妹此字从木即片越季尊臧父吕妝為之作牀可證說文妝飾也十下一字舊釋作甬篆形文義皆不合當闕疑虎詳延彝舊釋作埶解為禾種無據虎下蝕太一字又殘一字舊釋作我非令亦闕疑周玉舊釋作周王案文義不當言周王且玉字甚明亦非王字通疋云周為古琱是也黃

下一字不可識舊釋作圜云見南宮方鼎業阮書此鼎即博古圖薛氏款識南宮中鼎二三器也所謂圜字者博古作𦥯𦥯薛作𦥯𦥯阮作𦥯𦥯篆形皆不佀圜字阮釋鼎文已為承譌而篆形又与此迥別益難信矣闕疑可也自錫女妝至此皆是言器物玩虎字黃字珮玉字自知矣毋勿二字舊釋作女又案女字篆形是文義當為毋毋字从女古文同形之字得叚借也勿篆甚明非又字也用為忽經義述聞十一大戴礼勿勿云猶忽忽是其證曰下休字絕句歎美之詞玨舊吕為玨省案說文玨極巧視之也即展字列女傳八引詩展彼碩女義通藏立篆亦最明舊釋作居非伯見展立者縣妃言我之得為縣伯妃者乃伯辟父見立而展成之也見字如令人書札云見贈見示之見卹舊釋作邴非女君即妃也能舊釋作烏案毛公鼎康能四國俗作𢽎叔弓鎛女康能乃九事作䌛竝与此肖是能字也龢吕禾為之舊釋作耒非邾公鐘作乃禾鐘亦用禾為龢也洎舊釋作眾

非詳令鼎肆舊釋作𦂳云通綏篆形不協案說文𦃃古
文作𦃃引虞書𦃃類于上帝今書作肆蓋叚為遂此作
𦃃即說文用為肆而篆作肆者毛公鼎肆皇天無斁作
𦃃与此同中𦃃卣作𦃃甬彝作𦃃頌𦃃簋作𦃃𦃃王盉
作𦃃靜敦肆䢅師邦周作𦃃𦃃省雖異皆可互證揚舊
釋作燕非此字从廾即廾即小篆𦥑古文揚皆从此与
手同意吳彝對䮽伯𩡫尊對𣪘可證上體从𠂤即𦥑之
變文也肆舊已為古文筆字今仍之案此字从⺊為古
文𠂤字鐘鼎文尊字例从此當疑从𠂤非義此筆亦然
因思⺊非𠂤乃⺊字手也篆畫曲行則成⺊稍殺則成
⺊遂与古文𠂤同形如𦘒本从⺊彐篆家相承作⺊彐
此吾所謂稍殺其曲畫之證也隮与肆从⺊皆取手持
之義洩非从𠂤或曰尊下已从廾筆之聿已从彐若再
从⺊形義毋乃贅乎不知六書如此者甚多姑㠯廾手
二文證之拱奉从廾又从手舉擧从舁又从手皆非贅
也此肆之聿即古文筆字詳琥卣从⺊持之會意㠯說

如此博廷敎焉望用爲忘虡彝虡弗敢望公休亦忘字也銘言伯辟父有休嘉于縣妃曰往哉女其佐縣伯之室錫女妝具若琱玉之屬此伯辟父主婚所謂有休于縣妃也縣妃無忽忘伯辟父之休乃美之曰休哉我令得爲妃者乃伯辟父見立而展成其事是其憂卹縣伯室之女君如此我令惟祈錫壽則我乃大能龢諧暨縣伯萬年相保矣遂揚筆㠯記于此彝曰其自令日㠯往孫孫子子毋敢忘伯辟父之休也舊釋支離蔵不可治具在彼書讀者審之自得

讐彝或作文父彝

雋讐作文父日丁析鼎子孫

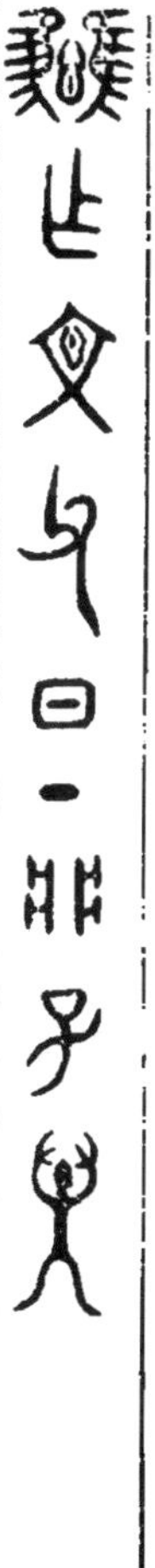

讐舊釋作雋己為惟字案惟無从雔者當是讐人名也中从[illegible]本心字蓋古文言有作[illegible][illegible]二形者見汗簡此字作[illegible]所謂古文省變往往涉于佗字也然其時竝無此部目體例如禾作[illegible]而休亦从此馬作[illegible]而拜亦从此形近則通安知此[illegible]之必非言字乎讐尊作[illegible]日丁𣪘云記日是也案旂鼎日乙觚尊日戊㦰彝日辛兄觚日庚悉尊日壬壹卣日癸皆此例鼎舊釋作析非案古器中多有此字各家釋作析或釋作析木形此本說文鼎字之解須知鼎从目𤕦許謂目已成字乃是貞字之省若𤕦則未成字故云象析木己炊非謂𤕦是析字也古

器孫文作鼎者則不得謂爲未成字蓋鼎之省即鼎字也亦不得釋析木解字固有體矣小子𦉢彝鼎云作父己寶尊非吳中丞云㠯文義讀之非必古文鼎此解超乎彝人凡古器中鼎字讀爲析及析木形文气即不通讀爲鼎則順此不待煩言而解者也或曰鼎既是鼎字此彝及父辛卣父己觶父乙敦皆㠯鼎爲銘則是彝卣觶敦而言鼎何謂也曰此所謂本銘不言本器而言佗器銘之變例也例言已詳之矣鐘鼎家不諳此例於是曲說枝詞紛然自擾曾何當乎

史楳邦彝　筠清館作史棄彝

史棄楳䖵兄邦作且祖辛寶彝

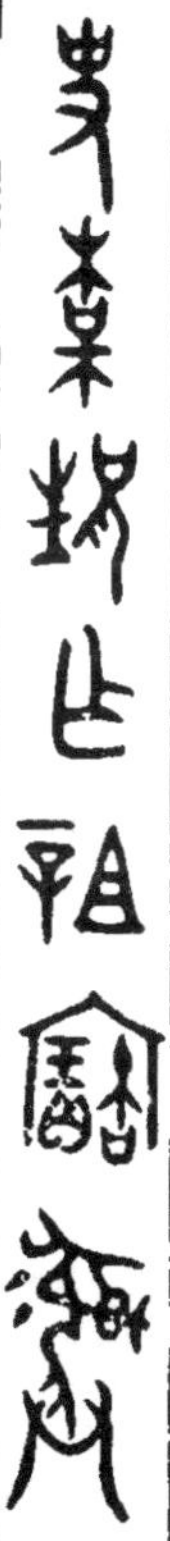

楳舊釋作棄从木呆即梅之重文楳亦即某之古文槑説文某酸果也古文某从口知某即梅本字矣此梅為氏太平寰宇記梅伯國九域志殷伯路史國名紀譙郡南有故梅城姓纂子姓梅伯之後邦人名舊釋作兄生云猶兄弟㠯生解弟無據又云兄弟孿生者益杜撰又云有釋作兄字謂祇一文者心源案此字左旁生从㞢丄丄古文土説文封古文作㞷即此又㞢部㞷艸木妄生也从㞢在土上讀若皇亦此字蓋古文用為封小篆則㠯為㞷是皇音之字故匡汪等字从之得聲當作匡㞷俗省从王而㞷字無人識矣且古音東冬陽通易屯

師二卦老子檢欲楚辭卜居莊子天地文子上德皆可
證故生有封皇二音古無分也另非兄字乃邑字邑本
从口卩此變从日卩為難識也敝氏盤司馬單率邦人
作殅齊侯鏄齊邦賓靜作殅此另為邑之稿證至如齊
建邦刀文有殅殅殅三形皆从邑生聲与此全形胥合
將釋為建兄生通乎叔家父簠用殅先另諸殅亦邦字
吳中丞又釋作生兄鐘鼎字源引分寗鼎殅古籀補引
沇兒鐘殅並釋作兄亦誤若吳中丞已白孝敲簋敲為
⿰丮兄則謬之
謬者也

延彝 筠清館作父辛彝

丁未、伐虎商賞徙延貝、用作父辛彝、

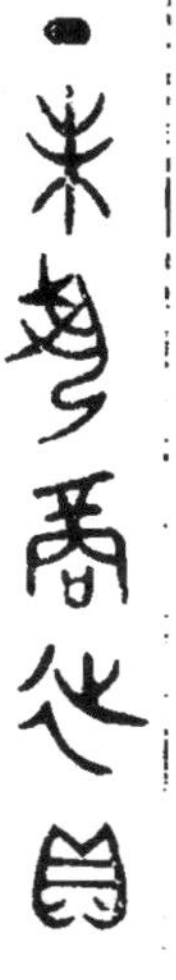

亞 口矣、

虎舊釋作伐延舊釋作徙云徙貝即俘貝以商為宋意謂伐宋徙其貝作此器其實誤仞虍為伐也虍从乇即乇乇戊非戈字从彡象虍身是尾形非戉字并侯尊錫諸虍𠂤百家作虍若依舊釋則為伐𠂤矣通乎且伐亦不从丮吕此知畢段敦杝亦虍字吳中丞又釋作執亦誤也此虎為人名商用為賞詳商女鬲延从彳即辵説

文作乞亦作乞所謂从彳而引之也加止為延說文㢟為部首云安步延延也延字从之古用為延師還敔王延正師氏漢書言府弩機銘延光三年碧落文延慶台華皆与此合則非徙字明矣此延亦人名蓋時人名兗者賞名延者以貝延用作彝也末一字舊無釋孜說文七部𣬉从㚖云㚖古文矢字即此字此左旁又从卜象發矢形弓矢者男子所有事也古以旌功故彝器多取以為銘亞者疑其次弟之數又有角文作亞[illegible]敔文作亞[illegible]𩰫文作亞[illegible]爵文作[illegible]𡙇作[illegible]大角作[illegible]皆可互證

甬彝或作召夫方彝

亞形中

召夫俎見室、作冊、午宅

□甬□桓、□甬□肆作彝、

俎見宅桓四字詳冊命鼎說文見从𠤎即古文奇字人也此从夫与冊命鼎同縣妃彝伯□羼立从大說文大象人形夫字从之取義是見从夫从大与从人一也冓解冊命鼎未及詳為補于此甬人名舊無釋呂篆形定之肆即綿詳縣妃彝業尚書毛詩多用肆字乃遂之叚借亦訓為故即此銘所用義也銘蓋言往見廇室之時作冊居甬于桓楹之下甬遂作此彝呂記之

唐典彝 博古圖作己酉方彝薛氏款識作己酉戍命彝

己酉、戍命鈴尊鄭、宜于昭招荊釐、

賫唐口典九有律、口典商賞貝十朋、方才

夜侅、用室圍方宗彝、在十九月夕、

隹王十祀世廿月、昌日五、隹口來口速、

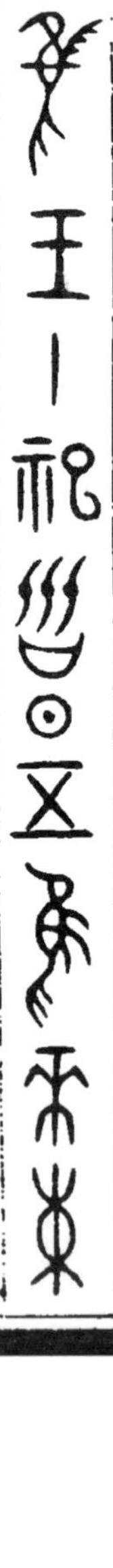

鈴舊釋作命此字从亼即金省毛伯彝命錫鈴金勒与此同是鈴字也尋此文義鈴尊當是地名或是兩地如左傳顛軨國語聆隧之類皆可㠯鈴為之尊亦可讀為鄭詳農卣宜祭名見王制宜乎社注釐舊釋作苐案并侯盉言于麥宮氏古鑑釋作釐并侯彝言于麦宮即此字合證知為釐說又詳并侯尊此招釐當是宮廟名唐舊釋作賡非典舊無釋案阮書太保彝云典作尊彝筠清館太保彝文与之同而篆作冊知典即典字盖从重冊此从竝冊从丌乃倒典字說文作典云从冊在丌上小篆省一冊即冊也㠯此知褱盤之史典為人名亦典字阮釋為共誤博古圖娟氏鼎云永寶用典亦从倒丌从竝冊与此同此典亦人名也又案此典从竝冊因知竝冊乃冊之緐文實即冊字父乙鼎冊冊父辛彝冊冊皆當釋為冊矣有㠯又為之舊釋作丸非有律者即易師出

吕律之謂賞吕商為之詳商女鬲十朋舊止釋作朋案
此二字合篆一即十也在舊釋作方此賓才字古文例
用為在汗簡才部引華嶽碑才作大与此合俟辟釋作
夜不協此字从下乃古文亥字反書耳虘鐘丁亥作丆
可證右旁乃即人字合之為俟說文俟非常也非此所
用義此俟蓋地名或是鄉陵等字之叚借或吕乃為刀
謂此是刻字要之為地名耳室下一字舊據篆形釋作
圜然文气不合當是方十博古圖釋作在今从辟作十
夕字吕月為之古文通用壴卣夙月饗介百爵亦用月
為夕說又詳令鼎卅月日三字舊釋作世昌二字文義
不可通下文五字無箸案舊彝亦云十九夕惟王九祀
卅日冂与此同此日下作五為異耳博古釋彼為世昌鬲
亦不詞細審川即卅古文十作丨此从三丨也鬲攸从
鼎惟卅又一年可證冂即月字象上弦形日字屬下五
字別是一句舊彝亦同惟彼日屬下冂与此異彼冂當
是丙日丙与旂鼎日乙咏尊日戊一例也或曰據此解

古文審卷五　彝　唐典彝　三七

則是惟王十祀三十月也三十月何義曰洛鼎云十有四月歐陽文忠劉原父咸疑之董逌謂自王即位通數其月是也令攷井侯彝云十八月管子輕重戊篇云十三月管子令人之魯梁二十四月魯梁之民歸齊者十分之六二十八月萊莒之君請服古人記月誠有不可解者又何異於此彝乎來束即來速此二字舊無釋來字直筆未出頭束即速省日五惟來速者言五日蕆事所吕來速此記出戍之事也

㝗彝 筠清館 作周彝

山尊形㝗

此銘一字舊釋為山尊形非也案說文㝗㝩也即此字此从∪蓋倒宀也方言注㝩㝗空皃心源案今楚俗謂房宇寬空及器物虛大者皆曰浪曠即㝩㝗也此銘當是人名或曰直卣夙夕饗介百爵之饗作与此肖則此為饗字也存參

古文審第六

賜進士出身翰林院編修督理五城街道事務掌江南道監察御史劉心源學

敔文

大敔 筠清館作然睽敔

惟十又二秊、三月既生霸、

丁亥、王在歸且寢□侯宮王乎吳

師召大、錫易然從睽里、王命善膳

夫敫曰、然從睽曰、余既錫易大

乃里、睽賓敫、龍寵帛束、睽命

敫吏曰、天子、余弗敢 楚䜌、敫吏吕

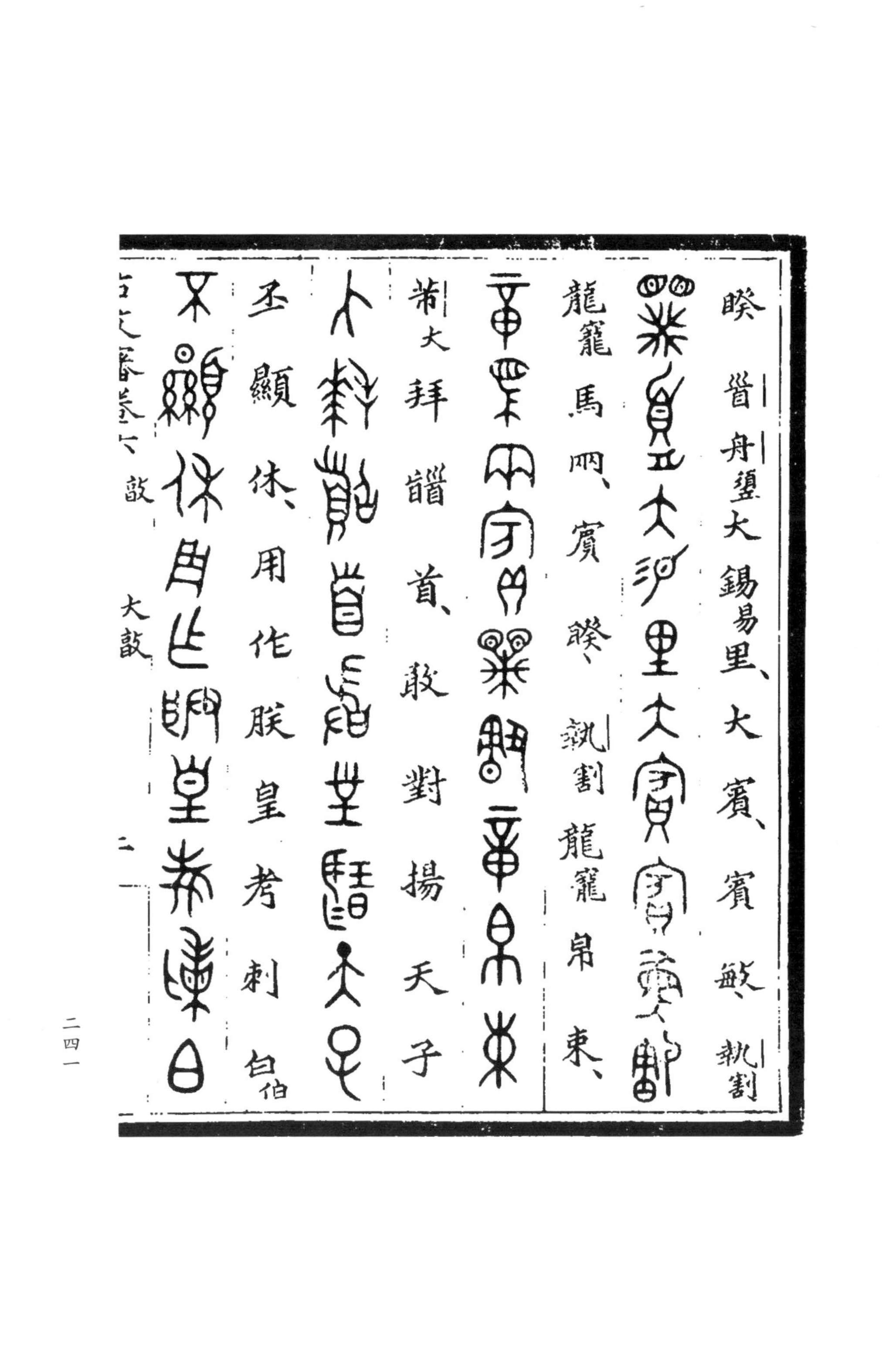

睽 眚 舟塱大 錫易里、大 賓、賓 敏、執割

龍寵 馬 兩、賓 睽、執割 龍寵 帛 束、

弟大 拜 𩒨 首、敢 對 揚 天 子

丕 顯 休、用 作 朕 皇 考 剌 白伯

尊𣪘、其子孫孫永寶用、

寑𣪘詳大鼎據此篆形當依古籀補釋作歸脤舊于歸下一字無釋而𠂤歸之皿為且又謂帰是秭歸二文皆非乎舊釋作平讀為王平吴師𣪘上文王在宮中不得忽接此語平當乎之變而涉于乎者乎用為詩古器數言王乎某某此吴師亦人名耳大作器者名易舊釋作錫下文同蓋沿鐘鼎文例未審此銘所用義也此當為改易說又詳琖卣從舊釋作然云既从口从止又从小篆說之犬火此東周文字之紹籀文而益蔓者非古文也案此字从ㄇ止从𡗞止即𧺆實從字說文從古文作𡩋碧落文從居側盼之規作𢓊知此ㄇ即夕之省文𧺆即辵又从止則合從屖二字為之娟季盤從介居作𢓊可證吴中丞既誤為然又率斥東周文字過矣睽亦人

名棨此字从目从癸舊意明為竝目与目同義故讀睽心源疑是㮚字說文□桼亩也从木入象形目聲釋名作櫂云齊魯閒四齒杷為櫂散氏盤敄㮚父作□亦此字此亦是人名令姑仍舊釋而存齒說于此善夫即膳夫敢其名也王命善夫敢曰從睽曰者上曰字王謂敢下曰字王使敢語睽也乃者汝也汝睽也賓寵詳史頌鼎吏舊釋作敵下文同竝非吏者睽之吏蓋司里者鬱舊釋作楚非生尊□巹孟戲壺□壺竝与此上體合此下从𣎆即巹字合之為鬱拂也違也□卉鐘云大□龢鐘亦此字蓋佛鬱茂鬱意吕反而相足鐘文正謂大巹龢也阮釋作棽非顉舊釋作嘗舟非說文𩓚待也从立須聲令專用須需而盨燕人識矣此字从□即□亦即□□上體為古文首从□小篆用□為須耳□即立省上一豎筆与古文舟相掍也割舊釋作執棄宗周鐘匄其萬年吕割為匄篆作□与此肖此讀如本字廣乏釋誥二割分也是也大字稍剝舊釋作芾非也銘言王訏

吴師召其臣名大者使与名睽者互易里居而遷徙之時睽未之知也王命膳夫名敏者曰尒其徙睽但云余旣已改易汝之里于太矣睽敬王使吕賓礼礼膳夫敏寵贈帛束睽于是告其里之吏曰天子使我与大易里我不敢拂鬱天子之命也吏奉睽命于是遷待大来易里大乃吕賓礼待吏又吕賓礼待膳夫敏而分寵吕馬㒳又吕賔礼待睽而分寵吕帛束大感君恩拜韻揚休用作此器也吴中丞吕此為楚器葢未達銘意故耳

毁敦 博古圖 薛氏款識

惟王元秊正月初吉丁亥伯

龢父若曰師毁乃且考有

婚眷于我家女佑惟小子余

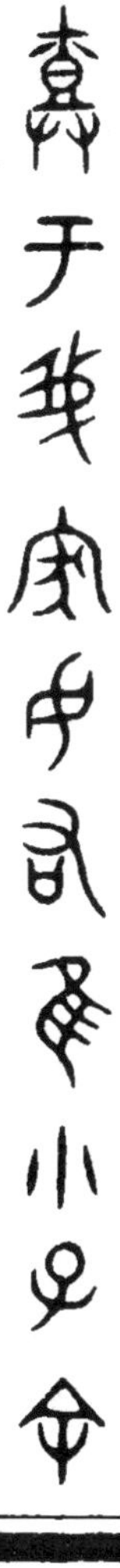

命女从仕我家繼□治司我西

偏東偏、僕敺百工、牧臣

妾、東董裁裁内外、毋敢·不善、鍚

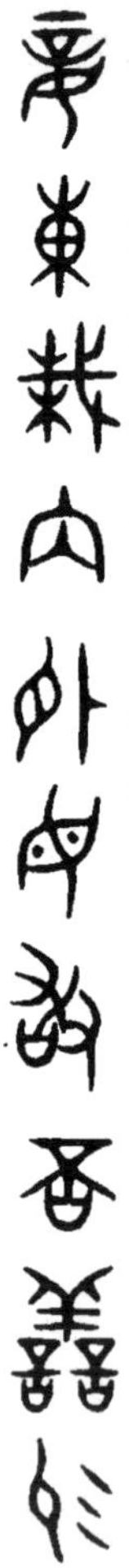

女戈、刅琱戟、緱厚必柲彤矢、十五

鎛鐘、一磬、五金金、敬乃夙夜用

事、嗀拜䭫首、敢對揚皇

君休、用作朕文考乙中仲𤖯將

敔、嗀其萬邁年子子孫孫永寶

用亯、

伯龢父不知何人舊吕爲衛武公孜史記衛世家武公名和非字伯和和也何得拊會毁人名説文嬰惡也即毁謪本字从女者与妒同意此从言与謪同意許不收失之矣眷舊釋作婚非案説文豆部𧯷豆屬从豆𢍏聲此从禾即釆省从𠬞从㒸即古文豆合之爲叁叁非此銘所用義此叚爲眷蓋言有眷顧于我家也彔伯戎敲自乃祖考有𦒸于周邦毛公鼎𦒸堇大命皆是眷字也古籒補疑是勞字失篆形矣右爲佑之正字佑乃俗造小子伯龢父自偁也仕吕奴爲之卯敲令余惟令女𠕁嗣𦓐宮𦓐人亦叚爲仕古人質實不佀末俗多諱也家下一字舊釋作繼未碻説詳𨚔敲此字篆形与彼又異當闕疑東哉文義不可通東叚爲董聲之同也韓非説疑董不識古今人褭逸士溥聖賢𦏧輔録作東不訾可證也哉當讀裁亦取同聲董裁謂督正裁制之琱博古釋

作矛誤令从辥書厚舊釋作縞此字从厂从亯無一筆
佀縞字叔弓鎛余用登純厚纂作厚可證也說文㫗厚
也从反亯厚从㫗从厂即此字褱盤厚必作⿱⿰目目糸从系从
㫗知古有作⿰糸㫗者無叀鼎厚必作⿱⿰目目糸亦非縞字自釋作
縞令乃改纂作⿱⿰目目糸惟阮書不誤必潛研堂金石文跋尾
引攷工記天子圭中必鄭注讀如鹿車縪之縪是必縪
古文相通心源案鄭注又云謂以組約其中央為執之
以備失隊說文䩛車束也即鄭所謂縪也惠士奇礼說
縪猶綦也結于轐而連于軸引子夏易傳轒車下伏兔
以繩縛于軸通訓云以組束圭中以繩紩車下皆曰縪
是知縪義為約束本非器名鄭以解圭中必則可鐘鼎
家用以解所錫之必吾不知所約束者何器也于是乃
復因縪及韠試思明明一必字本有義可說豈得獨是
韠乎今案褱盤無叀鼎及此敔皆上文言戈戟下文言
矢不得中參一韠蓋必者柲之省字耳說文柲欑也欑
積竹杖也殳下云礼殳以積竹八觚長丈二尺建于兵

車旅賁吕先驅是柲即殳也積竹者如今軍中矛子聚竹為柄約吕繩韜吕帛而油桼之既堅且韌勝于他器柄用木易折也此云厚柲正取堅厚各家誤仞厚為縞又不知必為柲省引經而不求其義解字而不就其形吾甚惡其率矣屎即吴古文矢字也說文[illegible]下及隸之篆文色之古文皆从此汗簡引義雲章矢作屎說文詳延彝鐏銘書作鐓山海經中山經注鐏于樂器名形如椎頭淮南兵略訓注鐏于大鐘也磬作殸說文籀文磬作殸即此全為金省龠彝王錫金百寽作全与此同鬻作將詩我將我亯是也說詳中鼎萬从彳小篆用為邁古文通用大鼎[illegible]年伯晨鼎[illegible]年嘗壺[illegible]年中伯壺[illegible]年邾敦[illegible]年甲午簋[illegible]年叔弓鏄[illegible]福周姜敦[illegible]壽皆邁用為萬也

郙敨 考古圖薛氏款識歐陽集古錄金石古文兹作毛伯敨

惟二季正月初吉王在周邵昭

隹二年正月初吉王在周卲

宫、丁亥、王各于宣射、毛伯

宫丁亥王各于宣射毛伯

内入門、立中廷陟、右祝郙、王評

内門立中廷右祝郙王乎

内史冊命郙、王曰、郙、昝先

内史冊命鄉王曰鄉言先
王既命女作（䏍）邑繼（𦀚）五邑祝、
王既命女作邑繼五邑祝
令余惟[illegible]（纏）京（原）乃命、錫女赤
令余惟[illegible]京乃命錫女赤
芾、同（同）冕（弁）齊（[illegible]）黃、鑾旂、用事、郈
芾同冕黃鑾旂用事郈
拜稽首、敢對揚天子休命、

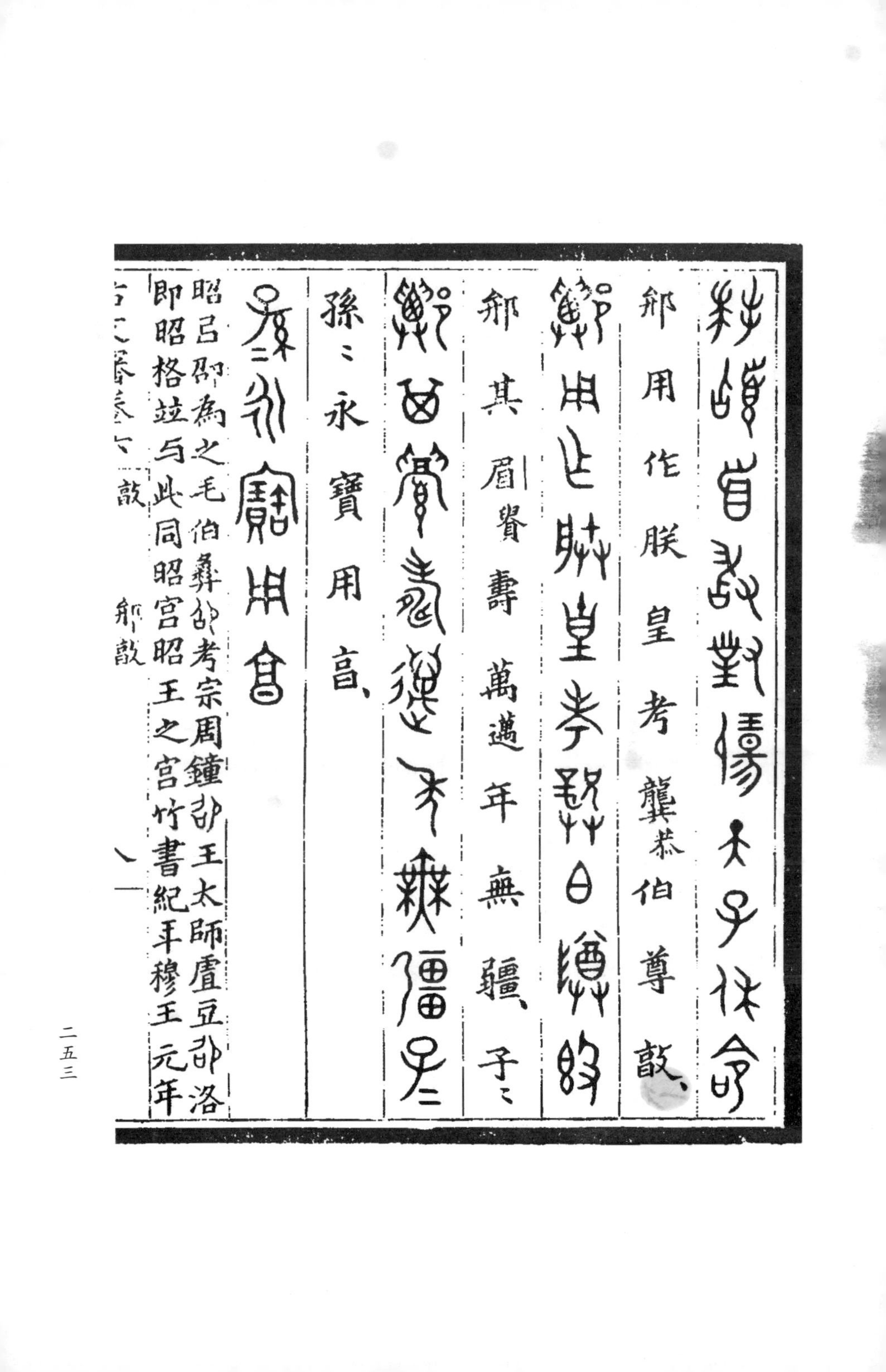

郙用作朕皇考龔恭伯尊敦、

郙其眉壽萬邁年無疆、子ㄑ

孫ㄑ永寶用亯、

昭呂卲為之毛伯彝卲考宗周鐘卲王太師盧豆卲洛
即昭格竝与此同昭宮昭王之宮竹書紀年穆王元年

作昭宮穆天子傳注引紀年西王母賓于昭宮頌鼎云康卲宮亦昭宮也宣射即宣榭公羊宣十六年宣謝災宣謝者何宣宮之謝也注宣宮周宣王之廟也有室曰寢無室曰謝左氏穀梁謝竝作榭說文無榭鄭氏逸字攷謂謝正榭俗而輔行傳引說文土高曰臺有木曰榭知唐本說文有榭字也內門即入門古入內通用詳生尊阼㠯作為之舊皆釋作廷非此字雖稍剝蝕碻是从乍从人攷丣敢艾季入右丣丣立中[illegible]各家皆釋作廷惟潛研堂金石文跋尾釋作阼葢篆形本作字也㠯此知無叀鼎司徒南仲右無叀入門立中[illegible]褱鼎宰頵右褱入門立中[illegible]師酉敢公族𤦦釐入右師酉立中[illegible]又一師酉敢作[illegible]其為阼字皆明顯惟頌敢[illegible]尨敢曰牧敢[illegible]剝文須㠯意通要亦阼字也祭統古者明君爵有德而祿有功必賜爵祿于太廟示不敢專也故祭之日一獻君降立于阼階之南南鄉所命北面史由君右執策命之然則此云立中阼謂中阼階而立也正為君在阼

階之南故必立中于阼㠯受冊命若立中廷則君偏于東㠯乃居中南鄉北面兩不相值偏孜古制無典可據乃知廷字匪惟篆形不合亦悖于禮矣右助也相也即佑之正字金石文字記釋焦山鼎右字為佑是也翁氏焦山鼎銘考㠯顧氏讀佑為非引祭統史由君右為證又㠯歐陽釋此敦云中其廷立祝与邦皆在其右二語為甚明晰不知鼎云南仲右無叀入門立中阼王詩史友冊命無叀是南仲右無叀在入門時与史由君右在阼階者地本不同且史友即史由君右之史若南仲右則非史也所引右字豈足為證蓋祭統但言史鼎銘言史先言相礼者較礼文為備此敦毛伯与南仲一例一正是相礼者故云右非左右之右也王詩內史与史友一例即祭統所謂史也歐陽㠯毛伯為主而云祝与邦皆在其右不知下文云邦皆先王既命女胙邑併五邑祝是其在先王時已為祝官故云祝邦邦下文又云邦拜䭫首邦用作尊敦邦其賢壽知此所冊命者為祝官邦名

歐陽題爲毛伯敨誤分祝鄇爲网人實未達銘意也豈
得謂之明晰乎鄇劉原父釋作鄭邑爲即史記毛叔鄭
云銘偁伯者爵也史偁叔者字也歐陽正鄭爲鄇棨篆
形未甞不可釋作鄭惟邑鄭爲毛伯名則又誤合网人
爲一也乍邑當讀胙邑左氏云胙之土是也舊釋乍爲
作非邑下一字舊釋作繼心源疑是併字通幷从幷即
幷从夙即韻會幷下云从持二干之意也緟从𤔔乃嗣
省即嗣字与糸同意从𤔔即畽字重原从東聲也合之
爲緟說文緟爲重疊本字自叚重字爲之而緟廢𤾴石
鼓文彊里𩍋𢀖敨作𩍋毛公鼎余惟𩍋先王命又𩍋造
大命皆緟字陳矦因資敨作𦃃尤明顯京字舊不作解
棨敉敨緟京作𠅏𢀖敨緟京作𠅏知此字从重京此从
京高亦京字說文無而就下籒文作𩏂从京是爲籒文
京字無疑矣此用爲原晉語檀弓九京皆是九原可證
莊子天道注原陳也此云緟京乃命謂緟原乃命也猶
言緟陳乃命同舊釋作同非此即㓕之古文用爲絅實

爲緐裵說文緐系屬引詩衣錦緐衣裵下亦引此詩中庸引作絅知三字通用弁舊釋作冕非說文弁籀文作[illegible]此省[illegible]耳絅弁葢吕麻為之也繐从糸从叀說文云等也即齊字黃用為衡璜二字寰盤赤市朱黃毛公鼎朱市蔥黃可證心源吕為釁黃即縕衡玉藻所謂幽衡也舊釋為馬齊色恐非龏即恭詳井侯尊賢舊釋作眉非此字从[illegible]即[illegible]从[illegible]即貝葢小篆稍省耳詳鑄公簠萬詳毀敦

又攷趙明誠金石錄古鼎銘跋尾文中陀皆作中庭惠棟九經古義引此敦及戠敦中陀亦作中庭知沿譌已久矣

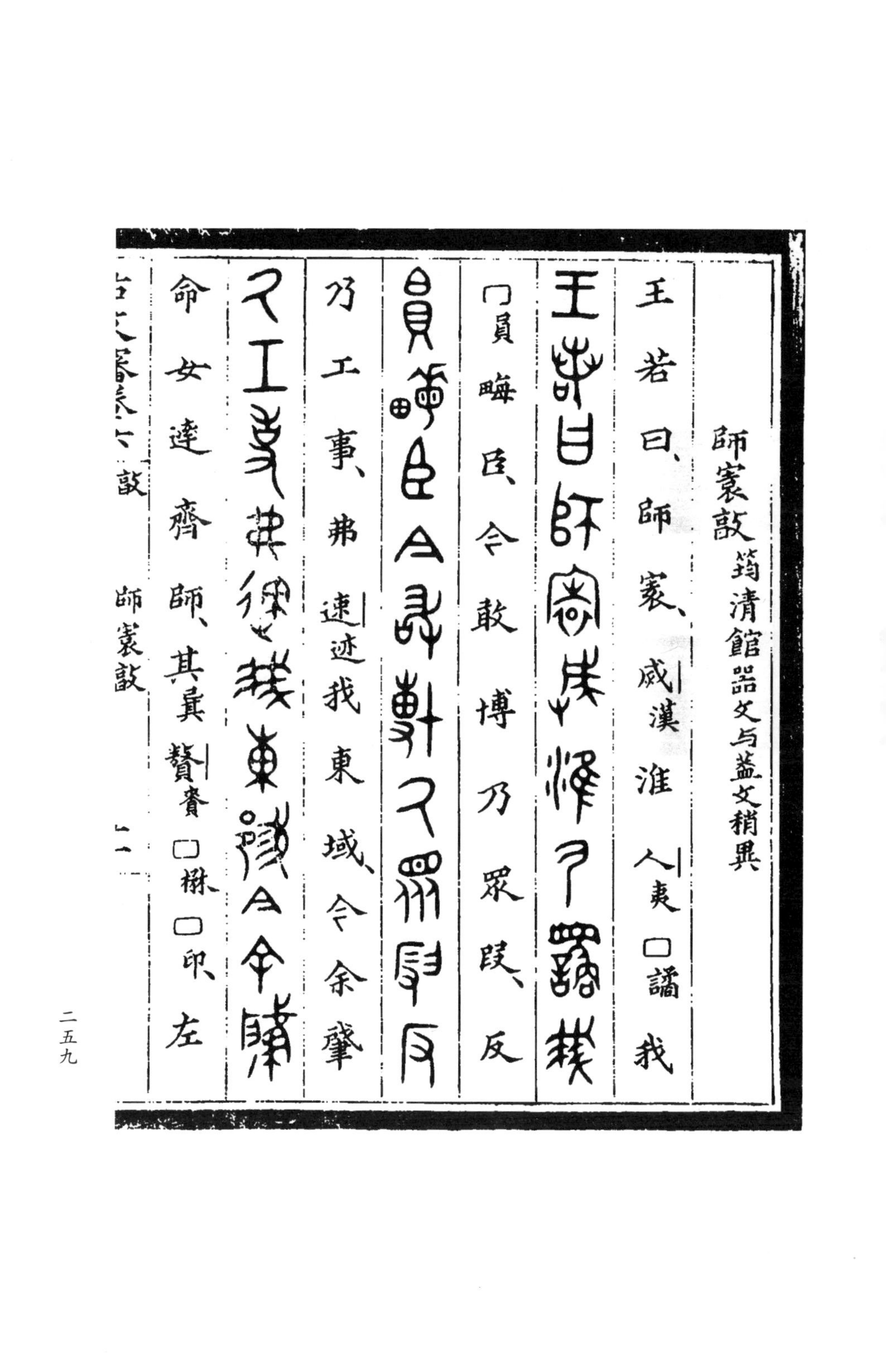

師寰敦 筠清館器文与盖文稍異

王若曰、師寰、戚漢淮人夷□謠我

□員晦臣、令敢博乃眾叚、反

乃工事、弗速迹我東域、令余肇

命女達齊師、其眞贅賚□楙□卬、左

令中從亦不其贊楙所丘

右虎臣正征淮人夷、即□敢乃邦、嚚狩

右虎臣正淮夷即敢乃邦嘼

曰冉曰華曰鈴曰達、師寰虔

曰冉曰華曰鈴曰達師寰虔

不隊彖夙夜、卹乃□穡事休既、

不彖夙夜卹乃穡事休既

有工折首、執□縴無諆徒馭、歐

孚俘士女羊朱孚俘吉金、令余弗叚暇

組俎、余用作朕後男𪊨臘尊𣪘、

其萬年子子孫孫永寶用亯、

師寰人名寰即寰王制天子之縣內諸侯穀梁作寰內

釋文吕寰爲古縣字廣韻同說文無寰新坿在宀部說

又詳縣妃彝戴氏篆正作𡨦此从宀袁与褱盤褱鼎同或謂非褱字不知睘从袁聲古文从袁省罒猶今人从罠省屮也漢舊釋作咸案此篆剥不可定而此敢蓋文作或即說文漢之古文𤅩也｜即水省仳从水省作｜可證漢淮夷淮夷之在漢上者宣王伐淮夷之詩多言江漢詩地理考引陳氏說吕為淮南之夷是也夷舊釋作人此作尸乃尸字古文夷作𡰥从尸从二此省二蓋吕尸為𡰥正如衣為卒雨為霸禾為秊金為銖聿為書之例所謂同形叚借也余初釋敔敢南淮尸為人又因其下文俘人三百作亻而疑尸非人及讀曽伯𩃬簠淮尸阮釋作人仲偁父鼎伐南淮尸師酉敢西門尸及下四篆宗周鐘南尸東尸阮文皆讀節蓋疑之及覽古籀補釋此敢尸為夷證之文意極合遂从之說又詳𡰥伯卣文案今本說文古文仁作𡰥与夷之古文掍則寫者譌耳復古編仁作𡰥是也蓋仁所从之尸說文部首作儿所謂古文奇字人也見頁等字从之与𡰥从尸為尸

者迴別世俗誤㠯𡰥之尸為人其下體二為重出省筆遂仿子孫之例而變从重人李陽冰謙卦人道惡盈之人作□汗簡引華岳碑人作□皆仁之古文誤變而用為人者也碧落文誼越夷倫之夷作□則夷之古文誤變而鄭承規又誤釋作人者也余釋𡰥伯卣未詳為補于此譎舊無釋蓋文作嚚乃合納吶二字為之員舊無釋令从古𦼮補當是地名畮臣主田畮之臣猶左傳云疆吏墨子云境士也叚即說文譚長說叚字用為假後漢書和帝紀勿收假稅也注假猶租賃此云博乃眾叚正謂廣收假稅也反乃工事即楚人偪宋築室反耕者之意迹舊釋作速蓋文作逨即說文𦼮文迹字域蓋文作䛩說文或即古文國重文作域是或域皆國字也令分用此段言淮夷詐誘我員地主田畮之臣令敢廣收租稅反其工事是不使我之迹行于東國也周之淮夷最强南自漢㠯下東抵徐魯故上文云漢此又云東國也賚舊釋作贅此字从𢾁即𢾁古文虘鐘𢾁彔伯戎敢𢾁

皆从此敔敔賚圭鬲作歔尤明顯桝舊無釋呂篆形定之此从𥝌禾古文木禾不甚别休从朩穌从朩可證卬舊無釋此字从㔾即㔾从卩即爪是卬字也或讀為抑抑之正篆从反印篆形同也頁賚桝印四人名正即征字孟子征之為言正也可作轉注斷舊無釋當是𣪠字説文𣪠探堅意也从奴从貝貝堅寶也讀若概此从亻乃其變文奴即殘之本字奴貝即攻堅之意𣪠乃邦者謂堅攻其邦也嚚即六畜之畜用為狩白虎通狩者收也此言略取其地𤇾舊釋作莘此字从艸从炎从衣疑合莘焠二字為之冉莘鈴達四地名𤕌舊無釋褰説〻牆𤕌文作牆即此字𤕌文用為牆形近叚借也休既猶言無已工即功皋陶謨天工漢書律歷志作天功益稷苗頑弗即工史記夏本紀作不即功是也折首之折蓋文奪去緯無諆當是淮夷人名緯舊無釋此字从系左為𦍌省余𢻱敔敔記追絕淮夷之事云執𡀚臼亦淮夷人名舊釋作僕非也孚即俘詳仲偁父鼎叚即服已詳

上文組當讀徂𪕬即臘石鼓文君子員邋丞𢧁从𤰈即此字此爲臘之省文臘祭之器故云臘尊𣪘也戉曰臘始于秦此周器何云臘也不知左氏已云虞不臘矣五經要義夏曰嘉平殷曰清祀周曰大蜡總謂之臘是也或曰此爲角之象形字今款識中有角皆金器此云作角尊𣪘三器也説亦通舊釋引龔氏説云籀文子字与𪕬同字叔重之意蓋曰𪕬本非子而籀文已爲子今案説文囟部𪕬毛𪕬也象髮在囟上及毛髮𪕬𪕬之形此与籀文子字同子下云𢀈籀文子囟有髮臂脛在几上也許蓋謂𪕬所从之𡿺与𢀈之上體同形故云与籀文子字同曰同則非籀文用𪕬爲子也明矣龔説殊失叔重之意也

畢𣪘敨 筠清館作畢中孫子敨

唯王十又四祀、十又一月、丁卯、王

貞畢登烝、戊辰、會、王蔑𠭰歷、念

畢中孫子、命龔、執虎、追饋犬、刑鉶

子𣪘、敢對揚王休、用作敨、孫

于[illegible][illegible][illegible][illegible]王休用乍[illegible]孫〻

子〻、萬季用亯祀、孫子保長久、

子〻萬年用亯祀孫子[illegible]久

舊釋貞从古文鼎案說文鼎下云古文㠯貞爲鼎籀文㠯鼎爲貞段氏改說解二貞字作貝佩觿云古文㠯貞爲鼎籀文㠯鼎爲則今審古文㠯貞爲鼎是也籀文當是㠯鼎爲貝說文𠟭[illegible][illegible][illegible]爲籀文則員霣妘此鼎爲貝之證段說是郭說非也古文㠯貞爲鼎者如散氏盤鼎師氏貞敢鼎從王伐梁及此敢之鼎皆貞字而叔夜鼎鼎庚嬴鼎鼎叔單鼎貞墉夜君鼎鼎明我鼎鼎中鼎貞雚甗鼎皆用爲鼎則郭說是段說非也洪範傳內卦爲貞周礼太卜注貞問也畢舊釋引史記太子發上祭于畢馬融太誓注畢文王墓所在心源案帝王世紀文

武葬于畢在杜南四書釋地引括地志文王墓在雍州萬年縣畢原上論語類考畢公名高文王庶子武王伐紂高封于畢此下又云畢仲孫子則高之裔也登即烝冬祭也說詳楚卣烝為常祀而貞卜之者左氏云礼不卜常祀而卜其牲日此亦然也會㠯曾為之乃同形段僭會原从曾省也蔑歷詳庚嬴鼎段人名即畢仲之後詭銘意自知龔虎亦人名虎字詳延彝舊㠯虎為執非饙舊釋作食云从辵者羨文不知此字从汞食會意乃古文饙字也汗簡食部引林罕集字饙作□可證鉶从重井从刀乃𠛬字用為鉶舊釋作刑非周礼掌客注鉶羹器也犬鉶者礼凡祭宗廟之礼犬曰羹獻此饙畢段者蓋烝祭之餕也保作□疑即保之古文□古籀補篆作㠯所見本異也久舊釋作長非今㠯篆形定之小篆作久筆畫較為整斂耳舊釋誤㠯段為府虎為執饙為食𠛬為刑謂此銘為西周時祭文王墓因与畢仲孫子盄執食犬而刑之蓋未達銘意也

召伯虎敦 阮氏款識

隹六年四月甲子、王在葊、

召伯虎告曰、余告慶曰公

乃鄙口賓月用徵獄枱誅、為伯父文庸

父文成、亦我考幽伯幽姜命

余告寏慶、余召邑□有司、余

典勿敢對封、月令余既□有司

曰矦命、月令余既一名典獻、

伯氏則報璧、琱生、對揚朕

宗君其休、用作朕剌烈祖召

公寶𣪘、其萬秊子孫寶、用

亯于宗、

召字見晉姜鼎彼讀昭為異耳虎字象形虎父丁鼎作虎然虎彝作虎並与此肖舊合召伯虎為召穆公是也

召伯虎考曰者告于伯氏也觀下文自知慶舊釋作愛
非說文作𢈽即此字此爲人名橐未詳舊已爲鄙不
知啚古文作啚与此異況此又从木乎阮誤已木屬下
貝字釋爲責乃責字也義亦不通獄舊釋作徵非此字
从㹜从言甚明寅簋從獄詞作獄可證也誅舊釋作治
𤔲說文籀文辭不知籀文作辭而治之籀文則作辭皆
与此別、乃及誅字右从言左爲朱古圜幣文云重一
兩十四銖作銖其所以也朱上體多一橫筆正与此同
獄誅者下獄誅之也又庸又成者有功有成也二又字
舊誤釋作父𦥑嘼二字未詳文義當是付与之意舊疑
爲誥非也封舊釋作對非余典勿敢封者言我已邑付
之有司箸于典冊不敢自封而有之也令舊釋作月已
爲通粵非郍敔合余惟緟原乃命非敔曰余惟命女仕
皆令字医命舊釋云惟命案医說文云古文侯字家語
弟子行引詩應侯順德注侯惟也是也一者齊一也名
者人數也言齊一名數載之典冊已獻于有司蓋清理

邑中之戶口也琱主謂琱木為神主也穀梁文公二年注主蓋神之所憑依其狀正方穿中央達四方天子長尺二寸諸矦長一尺是也琱主吕奉宗君如云尸而祝之也上文云亦我考幽伯幽姜命則召伯虎獻邑吕免伯氏于獄誅乃幽伯幽姜遺命也此宗君即指幽伯烈作剌詳大鼎祖下一字舊釋作召非或云衛之剌文寶敨之寶省文也銘意是伯氏有刑獄之事召伯虎為告時人名慶者出貝免之而虎亦吕先人之命獻其邑于有司為之贖罪故

伯氏報之如此

說文爵古文作□汗簡入卻部爵从□知□木之□為爵即雀又从木則以雀在木上會意為集字从雀与隹同意銘蓋云集貝耳

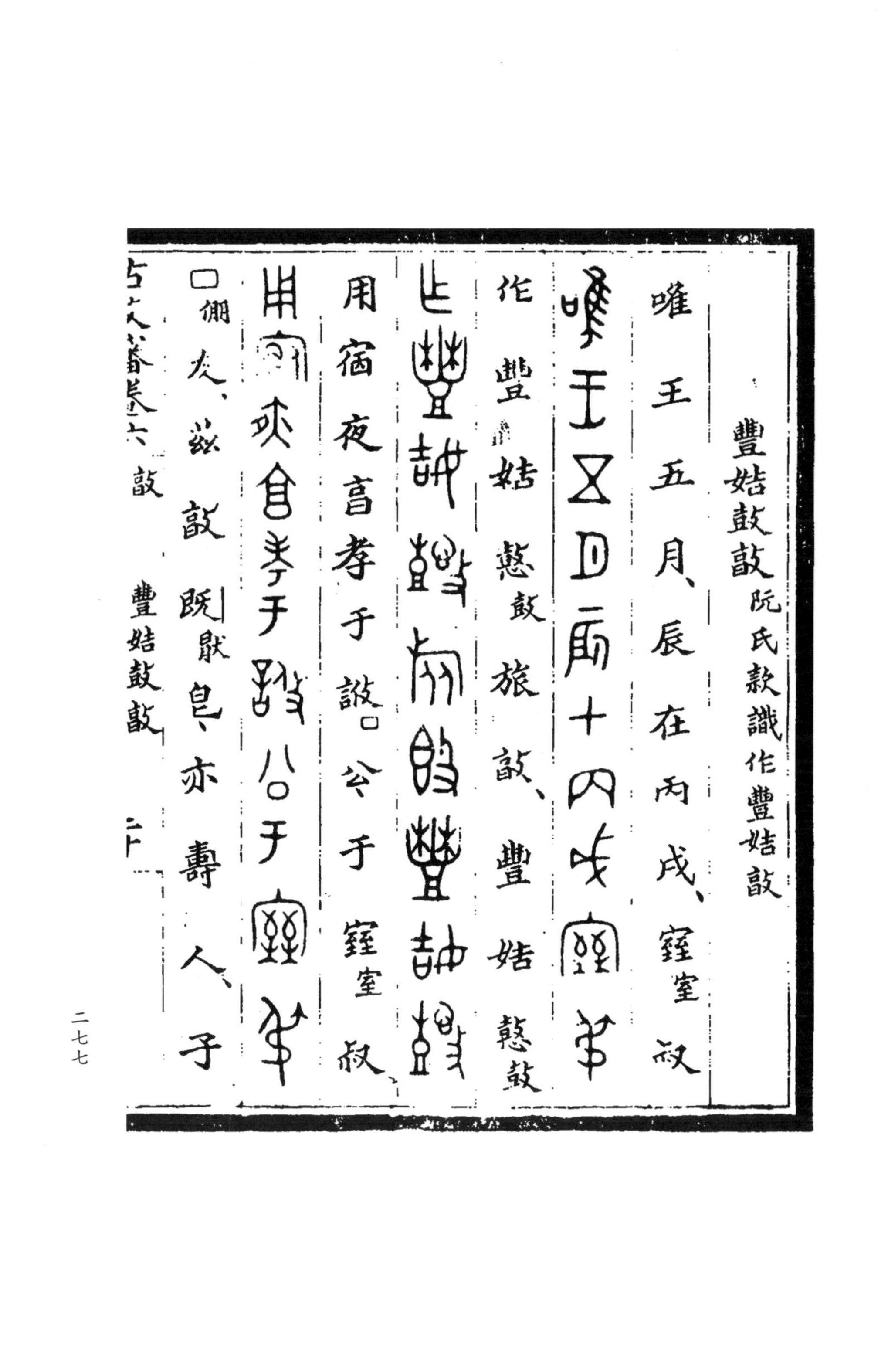

豐姑敦敦 阮氏款識作豐姑敦

唯王五月、辰在丙戌、寏室叔

作豐姑憨敦旅敦、豐姑憨敦

用宿夜亯孝于諆口公于寏室叔

口倗友、茲敦既猒、皇亦壽人、子

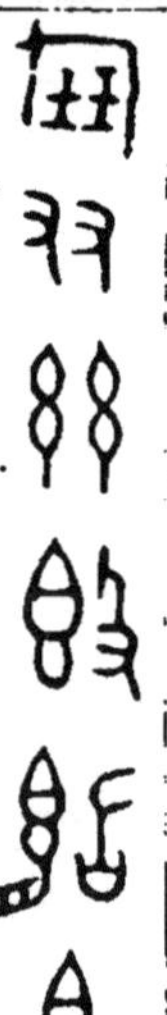

孫其永寶用

窒舊釋作寶此字宀下从經說文經到也从二至人質切案經音義与至同即至之繇文加宀為窒是室字也此為姓氏千家姓云隴西族漢功臣袁有室中同藝文志有室中周著書十篇此室非受氏雯在肯也豐國名詳并侯辱姑姓鼓名鼓字从憘从攴說文憘小怒也此从攴憘會意即擊而聲怒之義小篆蓋省心也舊吕懿為懿則从攴悉謂矣公上一字當闕疑舊吕為設未碻倗舊無釋又吕為寶之異文非也此字从冂从人人古文奇字人也玨即拜乃朋字合之為倗實朋友本字詳小子彝鼎越尊尊寅簋又多父敦朋[illegible]作[illegible]尤為碻證歟

舊釋作既云吳侃卄作厭案此字从皀从肉从古文旨吳説是也皀吳釋作食非説文皀穀之馨香也象嘉穀在褢中之形匕所㠯扱之或説皀一粒也又讀若香徐音皮及切案鄉卿等字从皀得聲知徐音不是㠯概之也亦壽人吉祥語耳吳讀為奕儔人文義反晦矣

豐姞敨敨

古文審弟七

賜進士出身翰林院編修督理五城街道事務掌江南道監察御史劉心源學

敔文

敔𣪘博古圖薛氏欵識

惟王十月、王在成周、南淮

節夷遷要殳內、伐浪昴參

怡泉裕敵陰陽洛王命敔

追迎絕于上洛㤅忻谷、至于伊、

班長馬搞艸、戠斬首百、執㒒縛臼、

雜奪孚俘人三百、鄙圖于艾伯之所、

于熄忻衣卒諦口復付、乃君、惟王

十有一月、王格于成周太

廟、武公、入、佑敔告禽馘

百俘縴曰、王蔑敔歷、事使尹氏

古文審卷二 敔

敔敦

二一

受辭、釐賚敔圭鬲[illegible]讓貝五十朋、

錫田于敜五十田、于早五十田、敔

敢對揚、天子休、用作尊

敔、敔其萬秊子子孫孫永

寶用、

夷舊釋作節非詳師賨敨𡰥伯卣南淮夷尚書地理今
釋云淮南北近海之夷今江南淮安揚州二府近海之
地皆是要舊釋作遷此字从辵从要即要遮字說文作
徼今俗作邀経傳㠯要爲之浪鼎參泉裕敏陰陽洛九
地名浪疑浪蕩漢志在滎陽縣泉舊釋作怡失篆形左
傳昭二十二季前城服虔曰前讀爲泉即泉戎地在伊
闕南陰从侌与会从今聲同也左傳籍談軍于陰春秋
大事表漢平陰地今河南府孟津縣陽疑陽城漢志屬
潁川郡洛即成周地鼎參裕敏未詳敨人名絶舊釋作
迎非此字从卩从絲即㡭省蓋合絕㡭二字爲之㡭古
文絕字見說文又从辵者㠯屬追絕言之也上洛即左
傳哀四年之上雒也大事表今商州治愆疑忻之緐文

从心从斤又从火者合忻字為之忻谷亦地名伊即伊水此銘言淮夷内侵至于伊洛經傳不載困學紀聞五引後漢書東夷傳徐夷率九夷吕伐宗周西至河上在穆王時淮在徐州徐夷即淮夷与此銘合馬字反形舊釋作長博古圖一本作□則非馬也榻艸當是地名各本于艸字無釋非也博古圖一本作□則為林字矣下一字从屮从言从戈舊釋作戠令案从言与从音同意音字原从言也說文戠闕音義小徐吕為古職字然易朋盍簪虞翻作合戠是讀為从戈音聲也聲与斬同此云戠首鬏段為斬字執下一字舊釋作傒非此實緯字緯曰當是淮夷人名師寰敦亦云征淮夷執緯無諆意淮夷多緯氏□奪舊釋作雜非寏簋奪獻行道作□从衣从又持雀此省又耳凡小篆奪奮字从奞古文从□令鼎□及此奪可證孚即俘詳仲偁父鼎奪俘人三百者奪回淮夷所俘内地之人也圖舊釋作鄙篆形是文義則非案說文啚嗇也从口㐭㐭受也古文作□汗簡

作啚即此字又說文圖計畫難也从口啚啚難意也衛
宏官書圖啚二形同又碧落文豈圖昊天不惠篆作啚
亦用啚為圖可證也所从戶多一橫筆叔弓鎛又敢在
帝所是嬖于齊侯之所二所字並作所与此同亦政堂
本博古圖作斷辥作斦今从明刻大本卒舊釋作衣篆
形本衣字用為卒說詳庚嬴鼎卒下一字博古釋作訴
橐布不得从木此从言从聿疑肆之異文縱也辥篆作
歸釋作歸此言敢斬獲淮夷与艾伯圖謀其事吕為淮
夷為我所追縱于忻谷者其卒可縱之去復付于乃君
示不窮追也右字詳邾敨鹹从[illegible]即鼎字倒首也蔑歷
詳庚嬴鼎辭舊釋作受此字从白不从舟亦政堂本及
辥書皆篆从月因博古釋文改也今審秦斤文云有刻
辭為篆作辥左旁正从[illegible]知从日即[illegible]省此[illegible]為辭省
無疑矣礼檀弓使人辭于狐突曾子問其辭於賓使某
辭注辭猶告也是其義頌敨尹氏[illegible]文[illegible]篆形正与此
同阮亦釋作受非也頌鼎頌壺乃改篆作受當吕此正

之賫舊釋作羞唛舊釋作辭此即諉字用爲
委歸也或曰㮃當是貝名存參𢽍早皆地名

靜敦

惟六月初吉、王在𦎫京、丁卯、王命

靜□嗣射學宮、小子泊服、泊小臣

泊人僕、學射、雩粤八月初吉庚寅、

王吕吳□乘吕剛□割□饗、□肆□荓吕師邦周、

射于大洍沱、靜學無得翼、王錫靜綼鞞

剢家、靜敢拜䭬首、對揚天子丕顯

休、用作文母外姑尊𣪘、子〻孫〻

萬秊用、

雩用

翁京詳井侯尊靜人名舊云齊胡公未必然也下一字舊無釋此實𤔲字用爲治詳齊侯櫺洎字詳令鼎服亦人名人僕之人乃古文奇字人也先見等字从之說文作𠆢人僕即人臣禮運仕于公曰臣仕于家曰僕害敨言射亦云人僕可互證雩用爲粵詳井侯尊吳亦人名下一字舊無釋此實乘字稍有刹畫說文作乘与此肖呂字㠯文義求之當是𨸏省而涉于呂者說文𨸏四方有水自邕成池者从川从邑𡿧籒文邕此即壅之正字籒文从川○○象邕水成池形㠯此知宮船皆从呂聲必不如許說也此用爲廱謂辟廱也辟廱正是邕水成池翫下文割饗射于大池益信割舊無釋此字从牛从刀从冈即鬲字乃其聲也定爲割字饗舊無釋此㠯鄉爲之詳令鼎王㠯吳乘廱割饗者乘者登也㠯其臣名吳者登之辟廱而割牲㠯饗禮食三老五叟于大學天子

祖而割牲是也肆舊無釋此為𨽍字今作肆遂也詳縣妃彝茻舊無釋此字从茻从丩从皿說文𦽏艸之相丩者此云茻師謂糾集師眾段為糾實為勼令亦用鳩也師舊釋作吕非此用㠯為師与晋姜鼎毛伯彝同沘本沱字舊釋作沅非案說文有沱無沘沱下云江別流也大徐云沘沼通用此字今俗別作沘非是今孜說文滮下引詩滮沱北流陂下云一曰沱也皆吕沱為沘古音支歌不分故沱即沘又篆書它也形近隸變多揺易出涕沱若前本作沘詩俾滂沱矣仲尼弟子傳作沘左傳何敢差池釋文池本作沱春秋盟于曲池公羊作毆蛇穆天子傳北循虖沱陽字亦作沲廣疋蹉䟲亦作跎竝可證也段氏不詧掾初學記及左傳隱三季正義引風俗通沘从水也聲補𣴃于水部今檢各家所刋初學記皆是它聲無一本作也字段乃云也聲誤為它聲改書就己亦不直矣風俗通既非篆本亦不過應劭說隸體耳如果許書有沘則滮陂二字說解不應作沱矣此云

射于大沱謂射于辟雝池水之上韓詩說辟雝者天子所吕春射烁饗与此銘合羼字省舊釋作得非此即斅字詳小子羼鼎䡛舊釋作緈非說文䡛刀室也彖舊釋作刹非孜晉姜鼎不隊字作彖即彖字此从彐即入小篆變為八豕此用為遂古籀補引儀礼大射袒決遂注遂射韝也吕朱韋為之著左臂所吕遂弦也是也或曰彖亦可讀燧內則左佩金燧右佩木燧与䡛皆佩物或曰彖亦可讀璲詩佩璲傳瑞也亦佩物說皆通

害敲 歐陽集古錄博古圖薛氏款識竝作宰辟父敦考古圖作周敦

惟四月初吉、王在辟宮、宰

辟父佑周害位立、王冊命周害曰、

錫女華桒、朱芾皝元衣、束帶帶純、於旂、

鋈革、錫戈、琱戟、彤矢、用養

害敲

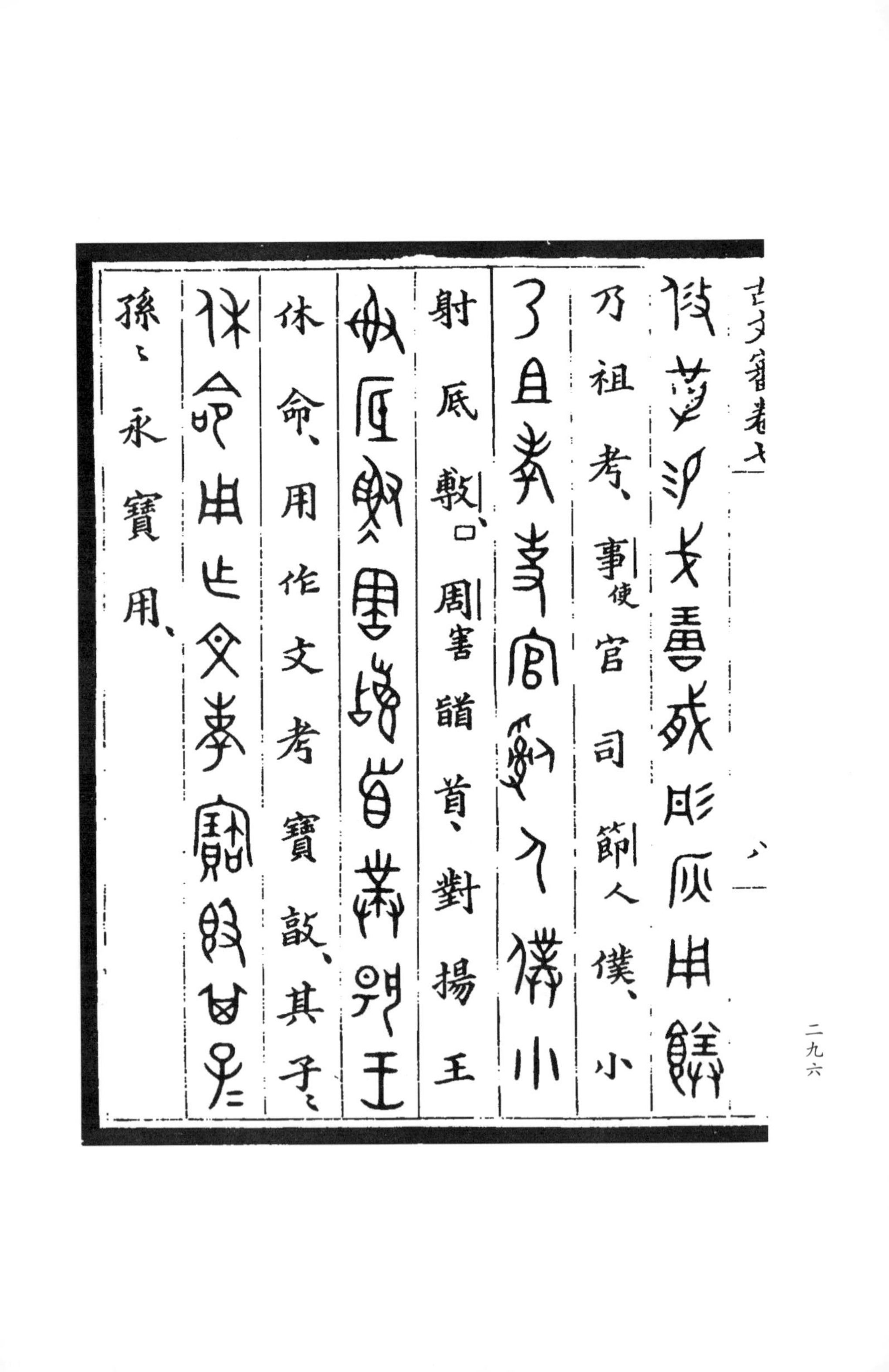

乃祖考、事使官司節人僕、小

射底數、口周害䭫首、對揚王

休命、用作文考寶敦、其子子

孫孫永寶用、

博古辥書載此敢器蓋各三考古載一器篆𩰫閒有不
同此从博古弟二器摹入辟宮之辟博古弟一器作𡯁
辟宮當是辟廱廣疋釋宮辟廱官也疏證云官舍也或
云辟宮是䆠辟文之宮亦通害立之害人名博古釋作
周邑為晉悼公名非也弟三器作𡩧此銘下文又有二
害字篆形淩非周矣案墨子非攻下篇云此為周生之
本讀書雜志云周當為害隸書害字或作𡩧与周相佀
而誤注引逸周書度邑解問害不寢管子幼官信利害
而無私韓非外儲說左害主上之𩰫令本害字並誤作
周令狡繹山刻石熘周滅除金薤琳琅亦誤為周金石
遺文錄糾之是也皋舊並釋作華非此即說文𠦬字疾
也叔夜鼎鑄其𩞁鼎作𩟄右彝即此字之碻證豈華字
乎觀說文𩞁重文作饙餴知此皋即賁即奔所謂虎賁
旅賁是也孟子釋文云虎賁先儒言如猛虎之奔是亦

舝訓疾之義敉敔米較寅簋乘較亦貴字讀為貴飾之賁彼亦釋為華若非㠯抹夜鼎鐴字證之孰知其謬哉㡆舊釋作芾非芾字古文小篆皆止作巿無从廾作芾者芾葢俗字此字从廿亦非艸令棨芺乃古文光見說文其下从巾為㡆令作幌說文作櫎云帷屏風之屬此朱㡆猶伯晨鼎畫幬也或曰从巾乃木省加光為挄与橫通經傳皆㠯衡為之礼記幽衡為黝衡蔥衡為青衡此朱挄則朱衡也毛公鼎蔥黃褱盤朱黃又段用黃矣帶篆甚明弟一器葢文作帶舊釋作束非純㠯屯為之弟一器作屯葢作屯弟三器作屯舊釋作帶非孜遲簋用祈貴壽屯叚遲敔作屯邾公望鐘㠯其屯于兹屯字用為純此云帶屯即帶純亦即帶緣也緣者衣之緣邊也書礼多段純為緣褱盤园衣帶屯無叀鼎园衣帶屯頌鼎园衣帶屯頌壺作屯解者率讀為束古籒補不之信而釋作裳若非㠯純叚純于字證之文孰知其謬哉屯即旅之古文詳吏尊尗弓鎛古文旂字从此故讀為

旂此亦同形叚借舊釋作於非攸革即鋚勒詩之肇革也夫弟一器作厇弟三器作𠕀考古作𠕀象夫集厍下形或釋作沙謂即紗字非也養从食从羊即說文養之古文𦍋也从冃与攴同意又詳齊侯櫺荀子禮論龍旂九斿所吕養信也注養奉也可作此訓人舊釋作節非人僕詳靜敔底下一字此器蓋文作𢾊弟一器作𢾊蓋作𢾊弟三器作𢾊考古作𢾊舊竝釋作斆未碻今闕疑小射者別乎大射言之也古者天子將祭擇士習射于澤宮謂之大射其餘賓射燕射鄉射主皮之射習武之射當是小射此銘蓋王使害司小射之事而錫之物也

師酉敦 阮氏款識

唯王元秊正月、王在吳、格吳

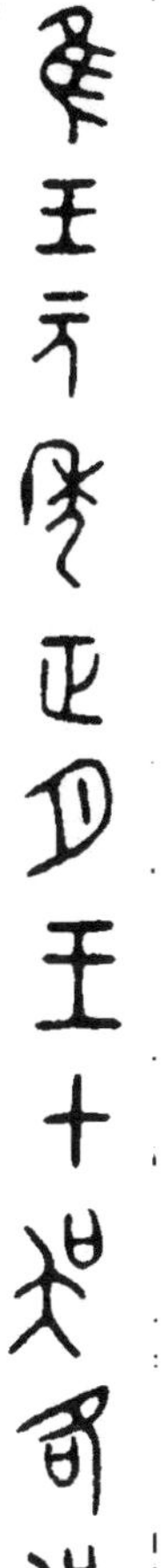

太廟、公族瑀釐入、右師酉

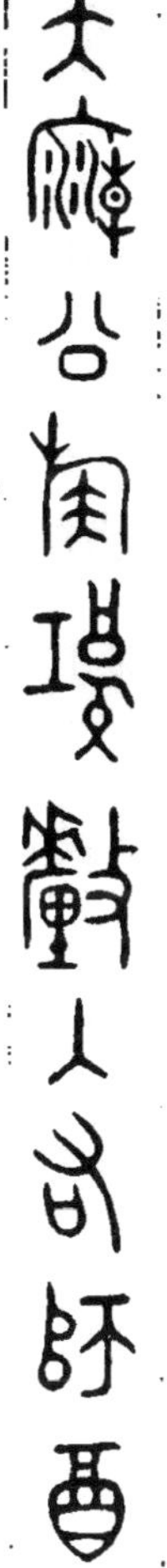

立中廷、王呼史䄅門、冊命

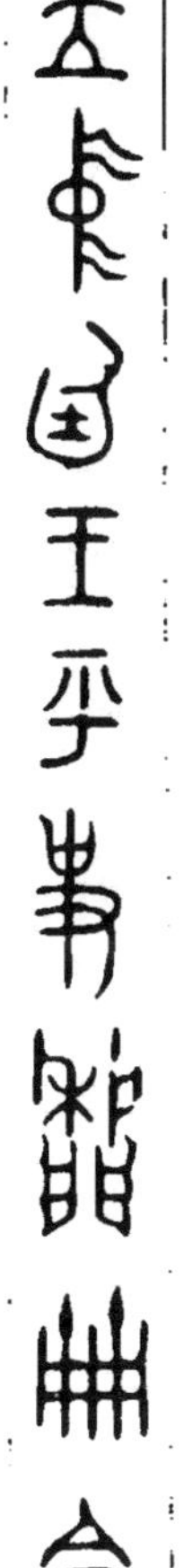

師酉、司嗣乃祖啇適官、邑奴人虎

𠂤、西門節𡰥能　節𡰥奉𣐕秦節𡰥京節𡰥

爯人千節𡰥新錫女赤芾、朱黃、

中縣絅、攸勒、敬夙夜、勿廢

朕命、師酉拜䭫首、對揚

天子丕顯休命、用作朕文考

乙伯宄宮姬尊敦、酉其萬秊

子子孫孫永寶用、

舊釋云古籒周王無適吳事此吳古虞字也謂穆天子傳天子宿于虞當即其事吳則無文呂應之心源案吳

虞古自通用然周之季世吳楚越皆僭王此敔何必定
是周王也鳴鑪舊云公族名是也右立中陀詳郝敔稍
舊引廣𠨍柩棺也其當謂之脉字通和呂覽云見棺之
𦫵和和門為史名是也令敌廣韻脉戶戈切集韻或作
秝嗣詳齊侯𢹂舊讀司當讀嗣商舊云通商形義均失
惟云或㠯為酉祖名近之心源謂商即適字商官猶後
世云之官到官也人舊釋作及非㠯邑字屬上文絕句
不知此明云邑人也五𡰥字舊皆釋作節非詳𡰥伯𦣻
師寰敔秦舊釋作奉東二字㯃此字从午象杵形即午
字也奉从丰不从午說文秦作𥣫云从禾舂省籀文作
𥣫即此字舁下一字乃千之反形舊釋作人非曰西門
曰能曰秦曰京曰舁千當是諸夷之種類名目自邑人
至此皆屬師酉治之文意自順黃即橫字詳害敔絅舊
謂即緐字㯃此字絲上為同實絅字即褧㠯緐麻為衣
曰褧詳郝敔中絅猶中衣釋名中衣在大衣之中是也
宄舊釋作究云同軌引曶鼎宄伯為證然曶鼎作𡧊与

此異令孜井侯燊饗于麥宮作宮井侯盃饗于麥宮氏作㝐兹从宀从吕此从宀从吕省是宮字也葢宀非究乃古文家省也陳逆簠惟卹宗厥毀敦余命女仕我家兹可證也宮者姓氏詳丼舁鼎此宮姬系母姓偁之詳史伯碩父鼎

𨛦敦 阮氏款識金石萃編

惟王十有一月、既生霸、丁亥、艾

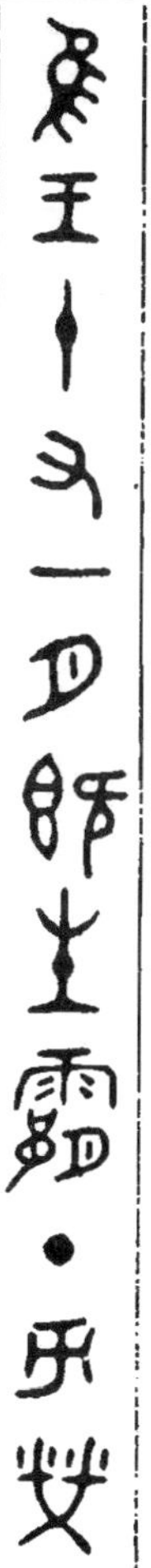

季入、右佑𨛦立中廷陀、艾伯呼命

𨛦曰、飤嗣乃先祖考死佚、治艾公

家、答乃祖亦既命乃父死佚治

肅人、不盡、𡥂（虘）我家室用喪、令

余非敢夢（蔑）先公、又（祐）惟遫（造）余、懋

𠟭（辰）先公官、令余惟命女𠬪（仕）、治

肅宮肅人、女毋敢不善、錫

女尊四龍毅、宗彝一將寶、錫女

馬十所匹、牛十、錫于乍一田、錫于宮口一田錫

于陜一田、錫于截戠一田、𨚕拜手䭫手首

敢對揚文伯休、用作寶尊敨、𨚕其

我[illegible][illegible][illegible]保用乍寶[illegible][illegible][illegible][illegible]

萬年子子孫孫永寶用

其[illegible]子子孫孫[illegible]永寶用

華編篆形多譌令从阮書摹入右即佑之正字阼段用作舊釋為廷失篆形詳鄉敢飲讀為嗣从王氏不著說蓋讀如本字也然下文云令余惟命女从治蒭宮蒭人豈得是从匕乎當叚為仕毀敢余命女从我家亦仕字也阮讀為尸亦非蓋王云未詳阮釋作弔此字皿上乃叔之古文疑淑字不淑者蒭人不善也虐王云未詳阮釋作孚讀俘不知此字从巛即虍从山即倒爪字牧敢亦多虐庶民作虐与此肖室吕窒為之夢王云未詳阮讀為昧槃當讀蔑从首為同形叚僭穀梁昭二十年自夢釋文夢本作蔑可證又即右之古文助也造王云未

詳阮釋作遠非宗周鐘迺遺閒來造作従漢中平洗富
世造作适元延錹十月造作𨕢𨑨与此合是造字也造
者成也又惟造余者佑我吕成也𣪕敦女若惟小子亦
此意懋下一字王云未詳阮釋作囟云吳侃叔作田纂
形文義均失畢段敦戊辰之辰作𠁽令鼎王大䤃農于
諆田之農从𠩺𨑨与此合是辰字也詩遠猶辰告傳辰
時也桼時者是也此也懋辰先公官者言懋此先公官
也尊四龍殼為句四尊皆名龍殼也博古圖有龍尊殼
者說文云乳也豨叔尊云作殷殼尊蓋取養義宗彝一
將寶為句言錫宗彝一器名將寶也將即𩰫字𡓜敦師
望敦云𩰫𧗊庚姬𧗊云作𩰫女寶尊彝是其義匹王云
未詳阮釋作所非乍宮敄截皆地名宮阮釋作宮王作
室皆未槁截王作栽云未詳阮依吳侃叔作栽非也此
字戔下从𠀀當是𣇃之剥文乃酉字也令定為截䤈作
頁說詳居𧗊據此銘則讀頁為䤈亦非誤矣首本手字
潛研堂跋此敦云春秌曹公子首二傳或作手聲同段

借也心源案左傳宣二年見其手釋文手本作首儀礼士喪礼左首注古文首為手大射儀後首注古文後首為後手莊子達生則捧其首而立釋文首本作手皆可證也王氏釋艾為共飤為既肴為楚尊四為僕三阪為阪皆謬案嘯堂已成鼎艾為共潛研堂亦已此敲艾為共全不詧篆形何歟

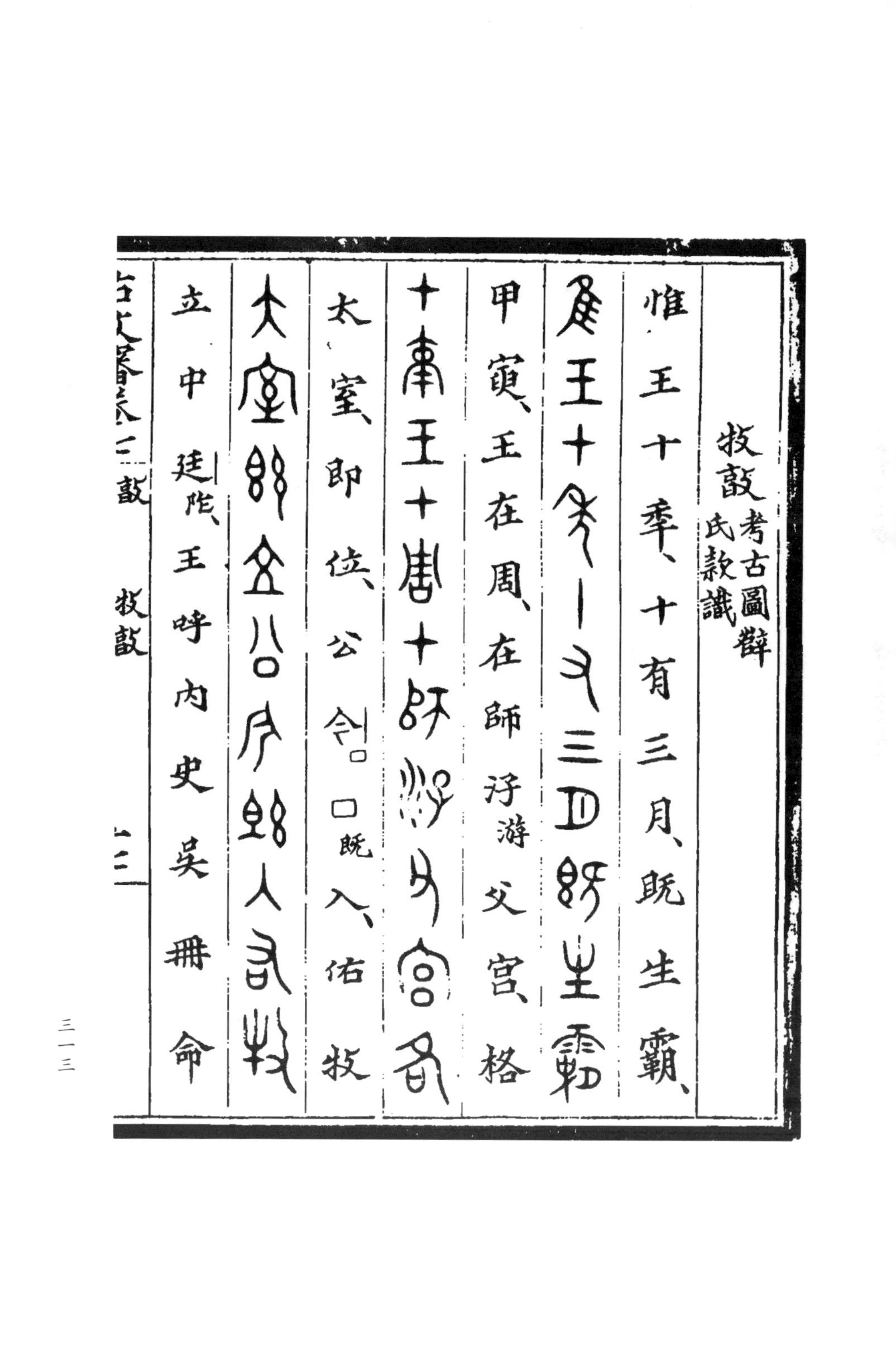

牧敦 考古圖薛氏款識

惟王十秊、十有三月、既生霸、

甲寅、王在周、在師汓游父宮、格

太室、即位、公□□既入、佑牧

立中廷阼、王呼內史吳冊命

牧、王若曰牧、簪先王既命

女作治司土徒令余唯域或盧敢取趣

命女辟、百寮有同同事、口包迺

多亂亂、不用先王作刑、亦多雹

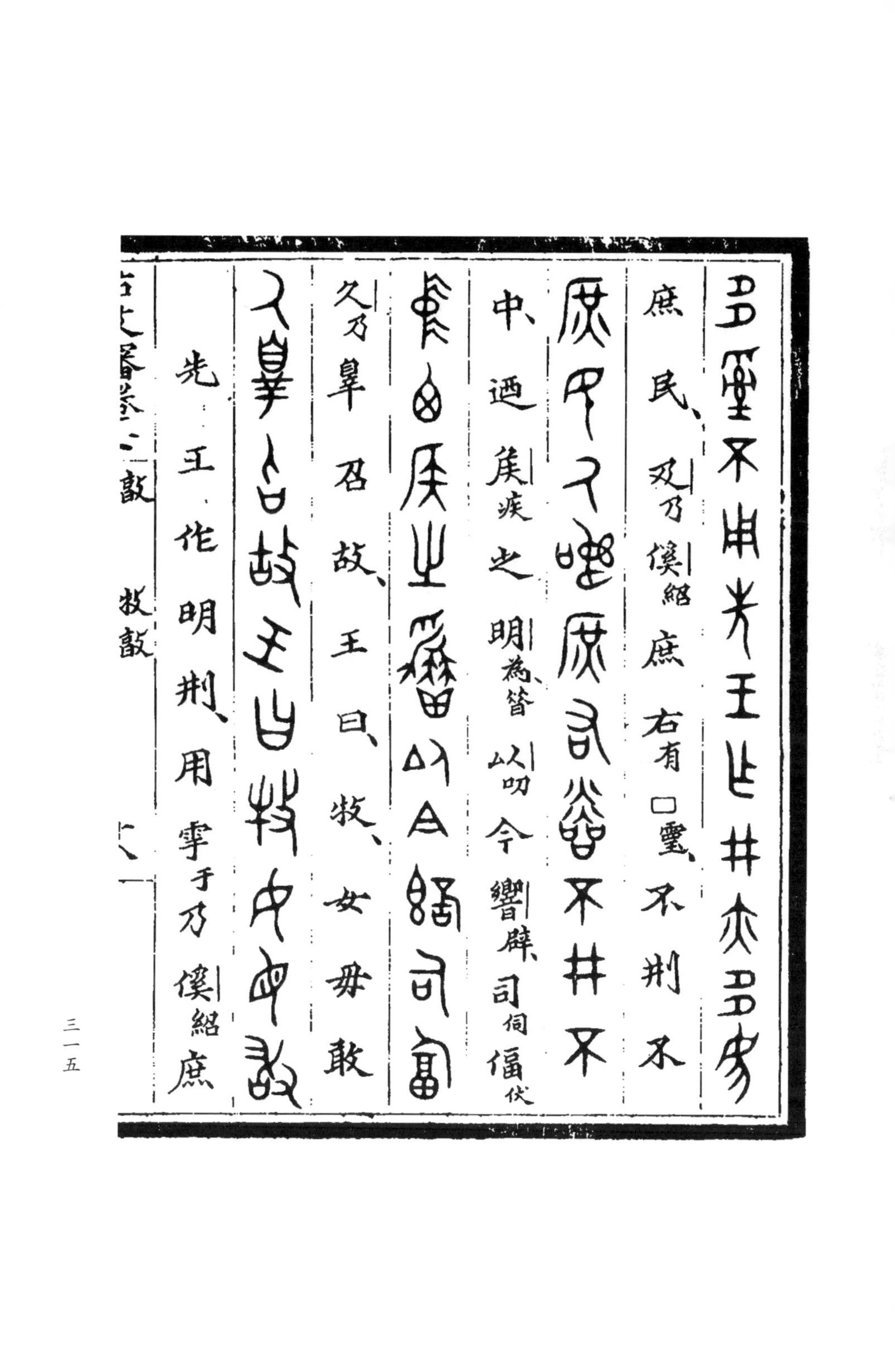

庶民、𠬝乃僕紹庶右有□靈、不荆不

中、迺侯疾之明爲晉以吅令嚮辟、司伺匐伏

久乃皋召故、王曰、牧、女毋敢

先王作明荆、用雩于乃僕紹庶

右有□靈、毋敢不明不中不刑、乃

申政事、毋敢不尹其不中

不刑、令余惟疃緟京原乃命、錫

女秬鬯一卣、金車、華賁軒較、畫輦、

朱虢、卣弜口褋、虎冟巹練熏裏、旂、余金

四三匹、服

孚敬苟夙夕、勿

廢朕命、敔拜䭫首、敢對

揚王不顯休、用作朕皇文考

[illegible]王不顯休用乍册皇文考

益伯寶尊敦、牧其萬年

益白寶尊敦牧其萬年

壽考、子子孫孫寶用、

壽考子子孫孫寶用

辥書婁經翻刻多失篆形今从考古摹入十有三月詳
唐典彞汙即泗之正字游从此毛詩泳游即汙字此為
人名辥釋作保非即辥作𠂤位吕立為之詳毛伯彞此
作亣乃亣之變體辥釋作文非公下一字辥作𠂤亦釋
作今未碻此為人名當闕疑既字舊皆無釋孜無叀鼎
惟九月既望作𢆶与此同是既字也右即佑之正字阤

舊釋作廷非右阼二字詳郱敔嗣吕釋作治令从辭釋嗣土即司徒毛伯𡖊吕邦冢君土馭亦用土為徒或舊釋作域案說文或域同字皆國字也今既分用當讀為或吕順文气或下一字辭釋作廬謀甚此即敔字已俟敔作□知此字非从宀乃攴字上體之變也此讀為敔篤字取从又从耳吕釋作敢非案說文趣疾也此取即趣字古文通用釋名取趣也莊子齊物論趣舍不同釋文趣本作取並可證又管子國蓄注漢書高帝紀注竝讀趣為促此銘文義亦然是則敔取即敔促如今人云敔勸敔請耳辟者荆灋也同舊釋作同非詳郱敔彼用為絅此用為詗說文詗知處告言之今俗作偵同事者詗察之事包舊無釋說文包作□象人裹妊巳在中象子未成形也即此字𤔔舊釋作辭案文義當讀𤔔即亂字包迺多亂即包藏禍心之意荆吕井為之說文荆灋也从井从刀易曰井灋也凡刑罰字本作荆若刑剄字乃五刑中之殺刑也自叚用刑而荆乃為怪體矣紹舊

釋作僕謀甚棠此處作嘂与敔敔師袁敔緯字同而下文作嚚則碻是紹字說文紹古文作𢇁汗簡引說文作𦃃知古文从糸卲此从口紹為異用為兆同聲叚借也寅簋迺敢疾嚚人亦紹兆通叚之證右用為有下一字舊無釋孜齊侯鐘桓武靈公之靈作[illegible]此从炎𠰔乃其省形是靈字也盤庚弔由靈傳靈善也然則兆庶有靈者正謂民有善也厎本侯字當讀為疾同形叚借亦疾之省也訓為害言兆庶有善若不刑不中乃是為民害也蓋百寮有詞事而色乃多亂者其虐民如此寅簋迺敢疾兆人作厎亦侯用為疾也為訾二字合篆舊釋作明無一筆相符棠𠬝与太僕歸父盤𠬝習鼎𠬝同訾字最明叨舊釋作以棠古文㠯無作以者惟繹山刻石㠯作𠆢亦非从口且此銘文意亦不得用為以此實叨字右亍乃亍之變而涉于人者古文如此者甚多即如本銘立从文既从幺嗣从右即从幺辟从𠂤紹从圭臨文取便讀者固當形義兼審矣說文㠯叨為饕俗字然饕

下引周書有夏之民叨蟄則叨為古文可知矣方言叨
殘也即此銘所用義辟辪釋作嚮非棻井侯尊辟侯作
㛸又璧䨣作瑂从玉瑂𠂔即此辟所从之𠂤合證知為
辟言皆日叨殘今一本之辟濞也司即伺之正字說文
凡伺察字止作司加人者俗字也下一字為偪从亼乃
古文奇字人也說文無偪新坿有逼詛楚文及此銘作
偪知許書偶遺也此用為伏𢼸工觵人杜注逼當作伏
是也或曰畐即畐亦用為服伏二字通𤴓重俯伏之音
為匍匐一作扶服扶伏蒲服蒲伏引檀弓左傳范雎傳
霍去病傳七發為證而別𤴓潛研堂聲類亦詳言之皆
是也此言伺察㠯服其辠人所㠯召故之由也雩用為
于辪釋作嚳詳井侯尊尹者正也其㠯丌為之緟原詳
邾敔賁本㳄字吕釋作華辪作漆𢦏非詳害敔較吕釋
作軒辪作車𢦏非輦从吕釋辪作軒亦誤凡車較輦鍾
鼎家多誤今為別之說文車籀文作𨏥从重車重戈此
金𨋁从車从戈乃車字說文較从車从爻此賁𨋁从車

从丰即二十是軗字也寅簋作軿毛公鼎作轛吳尊作軿汞伯戎敦作䡎益明顯說文輂从車从扶此畫軿从車从牛為扶即扶是輂字也說又詳吏尊朱䝞即朱鞹鞹者去毛之革◯舊釋作卣非此即从弓从厶之字◯為乙了為弓也毛詩作鞹集傳鞹式中也案网軗間橫木可憑者吕朱桼之革固之故曰朱䝞弘也弘毛公鼎作◯寅簋作◯汞伯戎敦作◯益知非卣字矣䘵舊皆𧝞釋此字从斬即剌从内汞伯戎敦作𧝞毛公鼎作𧝞从剌从八从衣即䘵字直音云測角切短衣也案說文作襡蜀束聲同此用為韣明堂位弧韣注弧旌旂所吕張幅也其衣曰韣知襡韣通用㔽本冟字舊釋作冕非案伯晨鼎㒳幃冟裏汞伯戎敦㒳冟吳彝朱冟亦此字阮文達釋吳彝云冟說文吕為飯剛柔不調相箸讀若適此从冂从皀當吕皀得聲讀為㒳韔之韔亦作㔽見詩閟宮傳心源案說文皀下云又讀若香阮說是也熏舊釋作練非說文作𤋱此从屮即火之古文也熏即纁

儀礼士冠礼纁裳注今文纁作熏士昏礼㊁纁注今文纁皆作熏是也瀏讀為縻古音支灰侵覃相通毛詩小㊂集咎為韻可證也說又詳史頌鼎

古文審第八

賜進士出身翰林院編修督理五城街道事務掌江南道監察御史劉心源學

簠簋豆鬲甗盤鏄文

叔家父簠 筠清館

叔家父作中仲姬匡、用盛稻粱、用速{迮}先、嗣{鷹}緒諸耇邦、用蘄眉{賫}

古文審卷八 簠 叔家父簠 一

耇壽無疆、挻德不忘、孫子

之黊、旺

簠吕匡為之舊釋云凡器方者皆可謂之匡此簠也竟吕匡為之欲与梁疆忘黊為韻是也盛吕成為之与弫仲簠同𢓜舊釋作速文義篆形均失此从𣐂乃東之剢文子東觶作𣐂即此加辵為速乃𢓜字重原从東聲也虘鐘之鐘作𨭆可證說文𢓜相迹也凡彳辵偏旁同意故知速即𢓜𨀊踵古今字詁𨀊今作踵是也鷹舊釋作嗣非解鷹字通豸左傳庶有豸乎杜注豸解也此云鷹諸邦即其義諸吕者為之舊讀為緒文義不協邦舊釋

作生凡非詳史楳邦㬥賢舊釋作眉此明是賢字而治譪不悟何敷詳鑄公簠考舊讀者當讀壽悊説文口部吕為哲重文云𠷎也心部又有悊敬也段氏吕為淺人妄增今攷洪範哲字王肅本及尚書大傳漢書五行志皆作悊是古文哲也小篆今為二非曾伯霥簠𥂴聖元元及此銘可證𪏮从㞷从黃舊吕為旺𤇾説文暀光美也即旺之正字此吕黃為聲也古亦用皇詩楚茨箋皇暀也泮水箋皇皇當作暀暀是也三體石經考黃作㞷黃即此𪏮省古文四聲韻吕㞷黃為光

鑄公簠

鑄公作孟鈕妊東車母媵

囗簠、其萬季肖賢壽、子子

孫孫永寶用、

案呂氏春秋愼大篇封黃帝之後于鑄注鑄國名礼記作祝姓氏急就篇注廣韻又云堯後國今攷左傳臧宣

叔娶于鑄此鑄公即其地姓舊釋作鈕車舊釋作東皆作早昭辯釋名車古皆尺遮反從漢㠯來始有居音朕即滕急就篇顏注送女也鍺鄦公緘簠作匩知此从金即金从古是其聲也定為簠字魯士浮父簠作匩亦此字古聲即胡字一作瑚左傳胡簋之事亦簠字也明堂位殷之六瑚亦簠字也說文皿部盬器也从皿从缶古聲亦簠字也又考古圖所載杜嬬鋪其器為簠其字作鋪亦簠字也覺舊釋作眉非自宋㠯來鐘鼎家凡古刻壽上作此字者皆㠯為眉此執償頌眉壽一語而全不詧篆形是㠯日摩鐘鼎終為白首楊南仲釋晉姜鼎覺為眉謂覺亹眉聲相近通疋本其說而坿會之引六書索隱云三代鼎彝眉壽字多作𩒨𩒨𩒨轉為亹易詩用之說文偶遺而徐鉉遂㠯娓代亹誤矣智案亹有門音介疋覺冬是也覺本象兩立之形如門門眉音近故借之余案亹亹皆不合六書乃是隸俗易詩之亹亹蓋𠬝用古文覺故有娓音等慈寺碑亹亹恆沙从頁即𩒨之

𦣻而變者此吾所謂段貴為娓之碻證也毛詩其魚唯唯韓作遺遺又娓貴同聲之證𦣻从頁即首古首有作𦣻𦣻者即此𦣻所从之頁也𦣻變為頁猶有古意後省為且則不成字豈說文遺亹字乎詩鳧鷖在亹讀為門此明是釁亹二字段為門傳寫者沿譌作亹門冬亦疋作釁冬是其碻證蓋釁从貴聲釁从分聲故有門音若亹則竝無兩立之形又何有門音乎此輩不識隷變之由而牽合門眉之音謬甚干祿字書謂亹俗亹正亦非也攷敔夜鼎釁頌鼎釁王子吳鼎釁晉姜鼎釁皆从臾从𦣻与此銘同叔家父簠釁史伯碩父鼎釁仲尊釁郝敨釁則皆从臾从頁伯侯父盤釁遅父鐘釁則皆从臾頁而頁變為貝此小篆之所本也說文貴从貝臾聲臾古文蕢又妻下云臾古文貴字汗簡作臾吕此知臾臾所从之八即𠆢省魯士商䱷敨貴从𠆢可證也伯侯父盤貴从臾即臾𠆢變𠆢𠆢變人也遅父鐘貴从臾𠆢中止一橫筆即臾也他器从臾臾臾有兩橫筆者即臾也

此字在在与賢相合有何一筆佀眉字乎至如釐鼎[illegible]則賢之省字邾公牼鐘[illegible]則賢之緐文弁波鼎[illegible]則賢之異體弁弓鎛[illegible]索姬盤[illegible]則已潰為賢惟弁氏鐘[illegible]戎都鼎[illegible]乃為眉字耳各家不詧篆形概仞作眉又從而為之詞不知賢字篆形最碻賢壽文義最疋故漢人常用賢壽無極之語讀者其平心論之

鑄从臾八即臾古文蕢字已詳上文古文用為遺𥂴从遺皿从金會意𠷎聲也

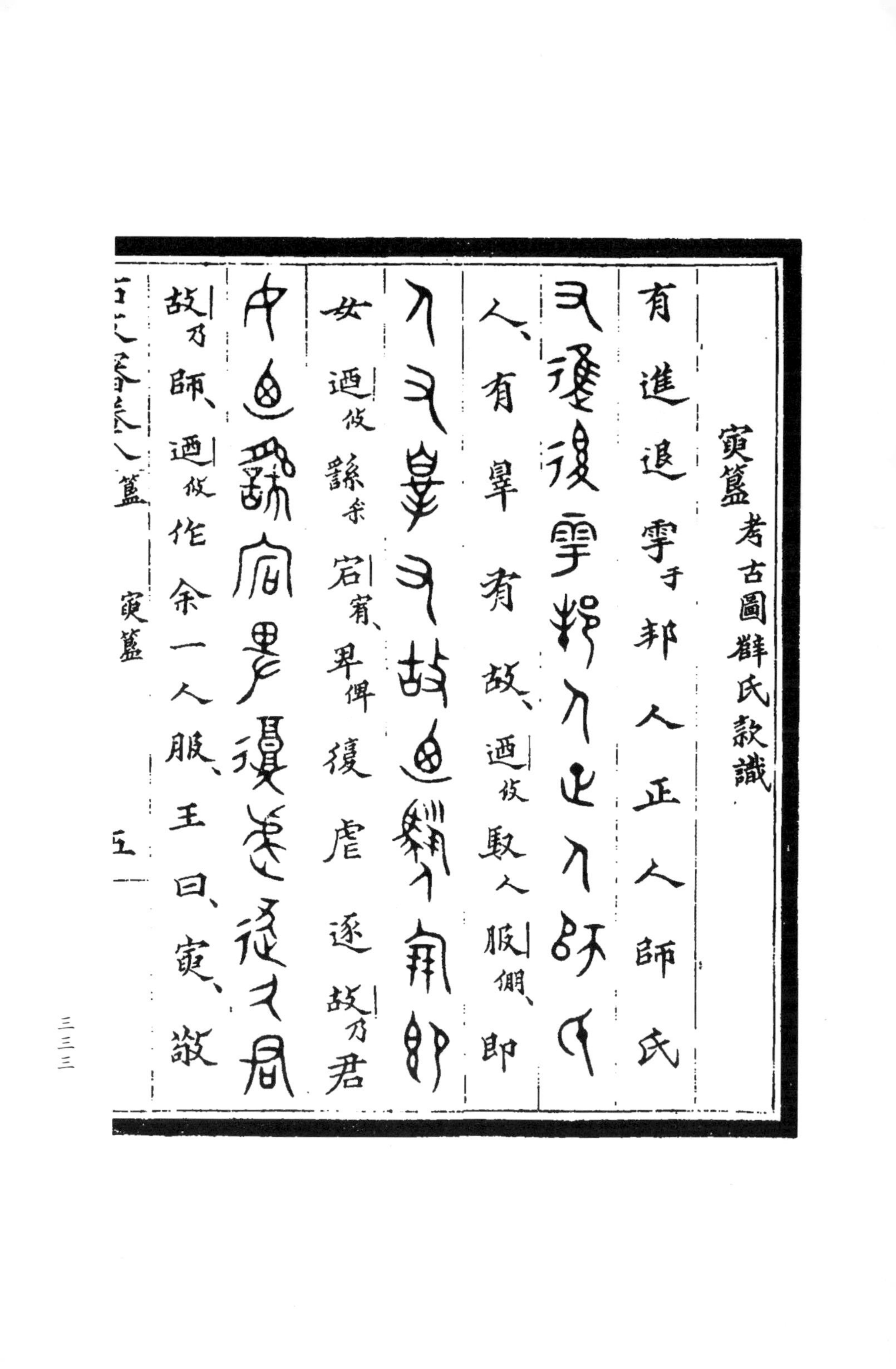

寅簋考古圖薛氏款識

有進退雩(于)邦人正人師氏

人、有辠有故、迺(攸)敃人服(側)、即

女迺(攸)繇(系)宕(宥)、畀(俾)復虐逐故(乃)君

故(乃)師、迺(攸)作余一人服、王曰、寅、敬

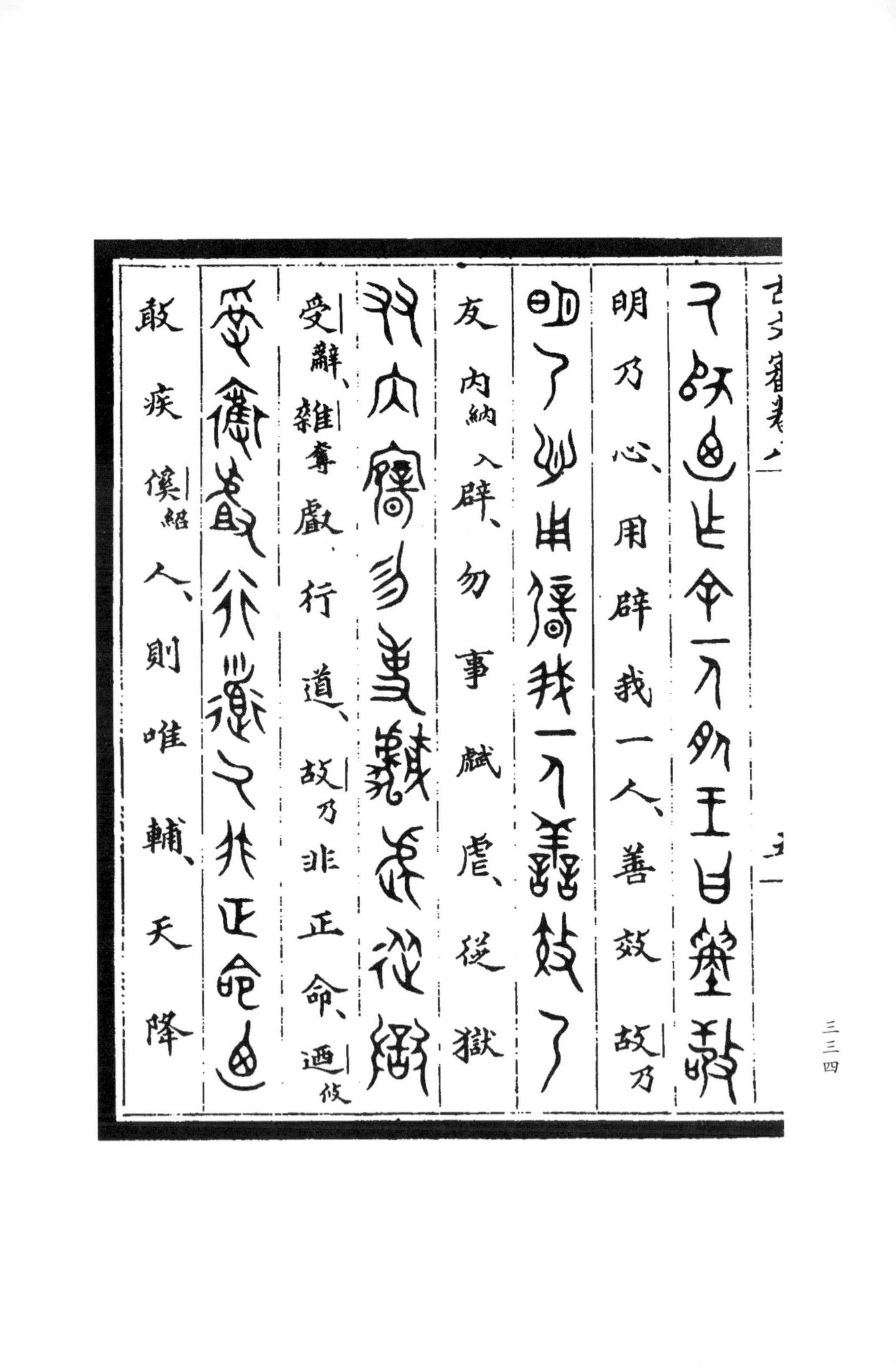

明乃心、用辟我一人、善效 故|乃

友 內|納 入 辟、勿事戲虐、從獄

受|辭、雜|奪獻、行道、故|乃非正命、迺|攸

敢疾 僕|紹 人、則唯輔、天降

喪不廷少、唯夗、錫女秬鬯一

卣、叉斧芾赤舄、駒輦、華賁

軒較、朱虢卣鞹、鞻神、虎冟練熏裏、畫

車轉、畫輦、爵燮、金甬鏞、馬四匹、鋚

勒、敬夙夕、勿灋廢朕命、寅

拜䭫首、對揚天子不顯

魯嘏休、用作寶簋、叔邦父

叔姞、萬年子子孫孫永寶用、

退說文作得古文作𢓊即此進退猶令浚獄出入皋人也雩辭釋作粤當讀為于詳井侯尊自有進退至師氏人十一字為句邦人國人也正人在官之人正官長也師氏人則師氏所屬治北史劉芳傳蔡氏勸學篇周之師氏居虎門之左令之祭酒則周師氏是也攸吕卣為之舊𨐌作迺詳農卣馭从𢇍說文馬古文作彩即此彡象鬣形从丮与又同意舊合下人字釋作馭非也側吕釋作服辭作朋此字从勹乃古文奇字人也从拜即朋合之為側說文倗輔也即朋友本字人側者人徒即上文邦人正人師氏人之屬繇即由字柔即殺字此二字合篆舊止釋作繇又誤吕下文宥字為宕遂使語不成義可恨也案繇从𠕁从呂从8於形聲已備其下復作朩則柔字也說文殺古文作柔𢦏下云采一曰古文殺字汗簡引古尚書作朩非与此合是柔為殺古文也宥

宕向舊呂為从宀从石故釋作宕不知義既不協篆形亦失審也石从口不从甘凡口甘二字隸書不別篆霻淺不能捉此宷蓋本从八从后而省后之乚遂成㝉宥父鼎蓋作𠖍器作㝉可證也此言所取之人倗系宥皆由乎女也畀辟釋作威誤仞為畏也此用畀為俾詳農卣逐辟釋作從非乃舊釋作故非案古刻中乃多作乃為亐於故字無一筆相侶趙氏古器物銘呂楚公鐘亐為故錢獻之釋復齋款識楚公鐘亐名曰為故謂盄龢鐘亦有此文今案盄龢鐘云乂名曰正是乃銘曰也試為㝍證之即知故字不協大鼎大呂乂友守晉姜鼎揚乂光烈取乂吉金越季尊褱乂休𤕌卣受乂永嘏農卣事乂有裨農攸衞乂帑乂小子害敨用養了祖考邢敨嗣了祖考啓了祖亦既命了父仕牧敨伺偏人皁召故井丼鐘對揚乂德虢丼鐘御亐乂辟邾公彎鐘擇乂吉金用鑄乂龢鐘不㒸于乂身三家彝對乂休向彝作乂尊彝皆乃字讀為故即不成語宋人疏西錢氏坿會之何

𦨶服从舟从人古文服字見說文言若使復有虐遂乃君乃師者女為余作荆吕服之辟字从◎乃異體𢍰弓鑄是𢓊于齊侯之所子禾子釜作𢓊師舍敨作𢓊並同此用為闢謂開啓也下文納入辟當依字林訓為𤅩斁讀為斆三倉斆斆也𢽾敨女弗善斆姜氏人亦此義內讀為納入字与辟字合篆舊無釋大鼎入扞作入小篆作人即此辭舊釋作受非此吕𤔲為辭吕荆中聽于獄之网辭即此所謂從獄𤔲也奪舊釋作雜非詳敔𢾊說文叉取也聲類作摣云五指摣揬也疾本侯字用為疾周礼大行人諸侯之礼立當前疾毛居正六經正誤車上無名疾者九經古義引礼說諸侯來朝行享於廟入大門下車所立之位上公立當車軹侯伯立當前侯論語邢疏引周礼作前侯小疋蓼蕭孔疏引大行人亦作前侯蓋說文疾作疾古文侯作𥎦相佀易亂心源案此乃形近通叚此敨疾字可證余解牧敨疾字失引為補於此紹讀為兆舊釋作僕非詳牧敨少舊釋作廷非

此爲及少字小篆分少必爲二說文必少也是也此言天降喪于我邦者不少惟从者爲至重耳貴較詳害敔牧敔鞫練邑熏亦詳牧敔轉呂釋作韓不成字辥釋作革亦非詳伯晨鼎𠭥舊釋作爵案攵季良壺婚䪈作𩕟多父盤婚冓作𩕟毛公鼎作𩕟竝与此合說文婚籀文作𠭥即此字此用爲䡊說文䡊車伏兔下革也从車𠭥聲是也玉篇有䡅廣韻集韻作輡俗又作輡金甬舊皆不箸說案說文鍾重文作鏞知此爲鏞字離篆者古器多言金甬皆鍾字因知金甬二字即鐘之切音正如蝃蝀爲虹挈貳爲霓蒺藜爲茨茅蒐爲韎皆兩字合成一音而鄭夾漈輩乃極稱婆羅門書斯殆末流失原者乎四匹辪釋作三所非詳大鼎廢詳史頌鼎牧敔萬作邁詳敔𣪘

白孝敱簋 筠清館作白季簋

白季孝䏂敱鑄旅簋、其萬秊子孫ㄟ

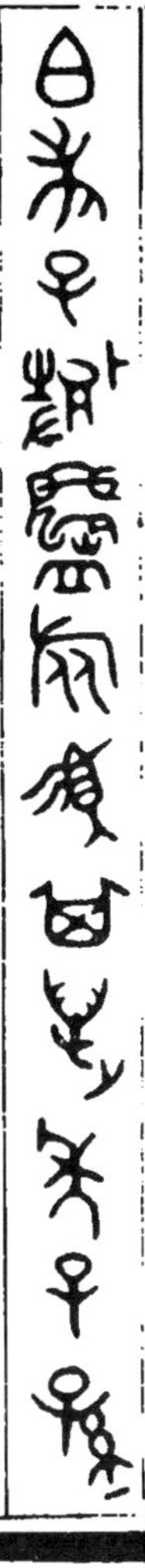

永寶用、

白地名後為氏楚有白公勝路史國名紀邵陽有白公城又秦有白乙丙亦氏白也孝敱人名舊釋孝為季非此字子上作𠂔古文壽考字从之非禾字也此器蓋文作𠂔郜遣敱用追孝于其父母作𠂔可證也敱舊釋作䏂而云左右有羨文非也彼吕史棋邦彝𠂔家父簋二邦字為䏂已為謬妄此字益遠此乃敱字迻易其體

耳㞢非生月非兄即旹也卜𠂆非羕文即攴也盖文作𩑋說文作𪔂是也鑄詳毛伯彝簋作𩑋乃古文頁字小篆用為須簋字从之故用為簋也

太師虘豆 筠清館

太師虘作豐(烝)尊豆用卲(昭)洛(格)朕

文且(祖)考用訪(祈)多福用匄永命虘

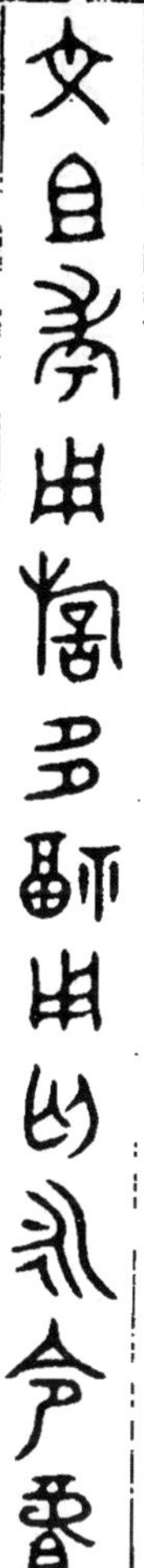

其永寶用享

虘太師名說文虘虎不柔不信也从虍且聲古人多㠯

虘為名亦用虘器刻中婁見亦用且列子蒲且說苑豫

且淮陰侯傳龍且亦用苴齊策𫇭苴亦用雎秦策范雎
皆是也烝舊釋作豊云古通礼非詳楚卣卲洛舊𠂤爲
昭格是也祈舊釋作訪非此字从㫃旂字所从也詳晋
姜鼎吏尊弜弓鏄此从㫃即旂省从言會意有所祈必
𠂤訾也今从古籀補釋作祈白祈敔作旛从旂不省也
匄毛詩作介乃叚借字本義當用匄古文亦𠂤割爲之

商女鬲博古圖薛氏王氏阮氏款識竝作京姜鬲

京姜庚商仲女作尊鬲其

永寶用

京地名鄭衛皆有之未知此銘何屬京姜者京地姜氏者也博古圖已思媚周姜京室之婦鮮之薛阮相仍不知孤文京字何得必是周京坿會無謂商舊皆釋作庚非此為商之省字古文多用為賞癸亥敵丙貝琥卣丙琥易四書二癸亥父己鬲鼎丙作冊豐貝皆商省而唐典彝啇貝延彝宪啇延貝小子羃鼎王啇貝十朋皆商

字不省若依舊釋則旁三篆為庚後三篆何讀乎此商女非唐人詩中所謂商女正如𧫒女鼎帛女鬲之例筠清館載周彝有云㕯婦作彝鼎者又此商女之切證也女博古辥王釋作仲誤仞為中也當从阮釋寶字省蓋吕缶為之与𡖈父盤𠭯戈形句兵𡴀同

郱伯鬲 筠清館作𣶒鬲

𣶒郱伯作彝

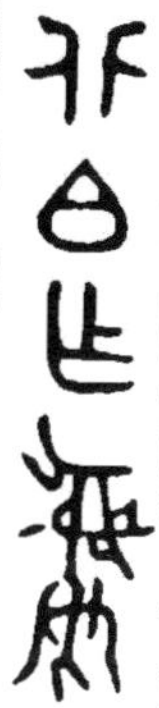

郱舊釋作𣶒呂爲鼎之下體即鼎字文云此益省非也此明是北字小篆作𠂢与此同此用爲郱說文郱故商邑自河内朝歌吕北是也春秋大事表五今河南衞輝府東北有郱城案今俗誤作邟文誤用邟古止作北詩釋文郱本又作鄁字林方代反國語補音卷三引字林作鄁

伯愈父鬲 筠清館作伯愈鬲

魯伯愈父作邾姬年媵

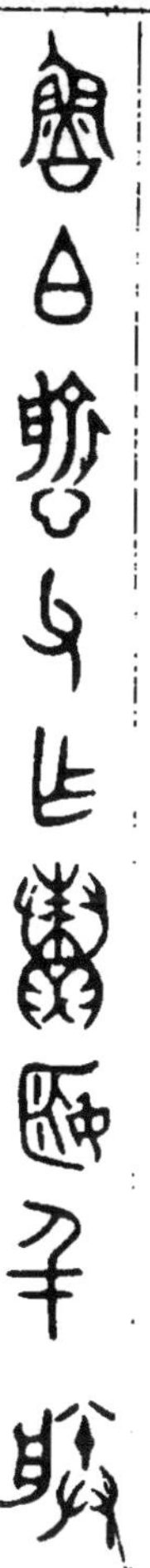

羞養鬲、其永寶用、

愈說文作愉、愉薄也引論語私覿愉愉如也是偷愉同字矣然韻會十一尤引說文偷苟且也今二徐本無偷而人部有佻女部有媮皆偷字齊詩它人是媮不妨通段而愉樂字从心即愈故許引論語義亦通娛病愈本是瘉而愈非本義經傳亦㠯豫為之女与回也孰愈則用愈為逾踰展轉相段而本義無從明矣邾本鼄之象形

字用為郳与郳公𨱑鐘同阮釋作周非春秋啖趙集傳纂例十郳曹姓顓頊之後今魯鄒縣是也養奮釋作羹非詳齊

侯楅

雚甗筠清館作舊輔甗

王及舊悫輔歸牛馬雚、鑄其

寶、其萬年子子孫孫其

永寶用、貞鼎

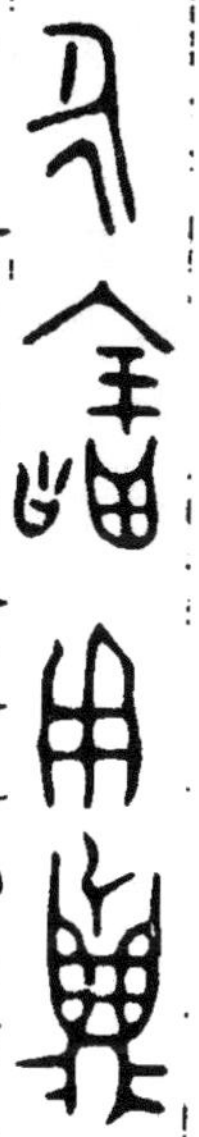

吳中丞云此為秦敦夫藏器姑依秦氏舊釋令案及下一字秦釋作舊此字上从矛下从心說文懋重文作悫

即此也悉輔人名或㒳人名歸下一字舊釋作牛馬非
此實䍜字地名也當是觀左傳有斟觀通鑑胡注引班
志信都國有觀津縣文東郡有畔觀縣水經大河故瀆
東徑五鹿之野又東徑衛國故城南古斟觀也元和志
觀城漢之觀縣古之觀國通鑑地理通釋七觀津下引
正義云在冀州武邑縣輿地廣記觀津鎮本趙也樂毅
封于此號望諸君通典故城在德州蓨縣寶下鼎字奪
太補寫于末古刻此例甚多吳中丞云焜見此器非鼎
依舊釋定末一字為貞不知鼎貞古自可通而此銘文
義實是鼎甗而銘曰鼎所謂本銘不言本器而言佗器
己詳例言吳中丞不知此例故也

正叔盤博古圖薛氏款識

魯正叔之穴穸、作盤鑄其

□御□般、子子孫孫、永壽用之、

正古文正字見說文穸舊釋作穴非鑄舊釋作盤非詳毛伯龏作鑄連語并弓鑄用作鑄其寶鑄是也御般二字舊無釋御字最明般即盤字此為正叔殉葬之器故云穸

叔弓鎛

嘯堂集古錄博古圖薛氏款識金石古文續文苑書餘並作齊侯鎛

惟王五月、辰在戊寅、

師于淄陲、澨公曰、女叔弓、

余經乃先祖、余既敷尃

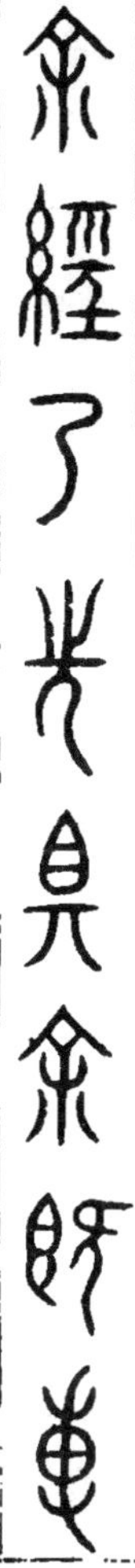

乃心女心小心畏忌、女不

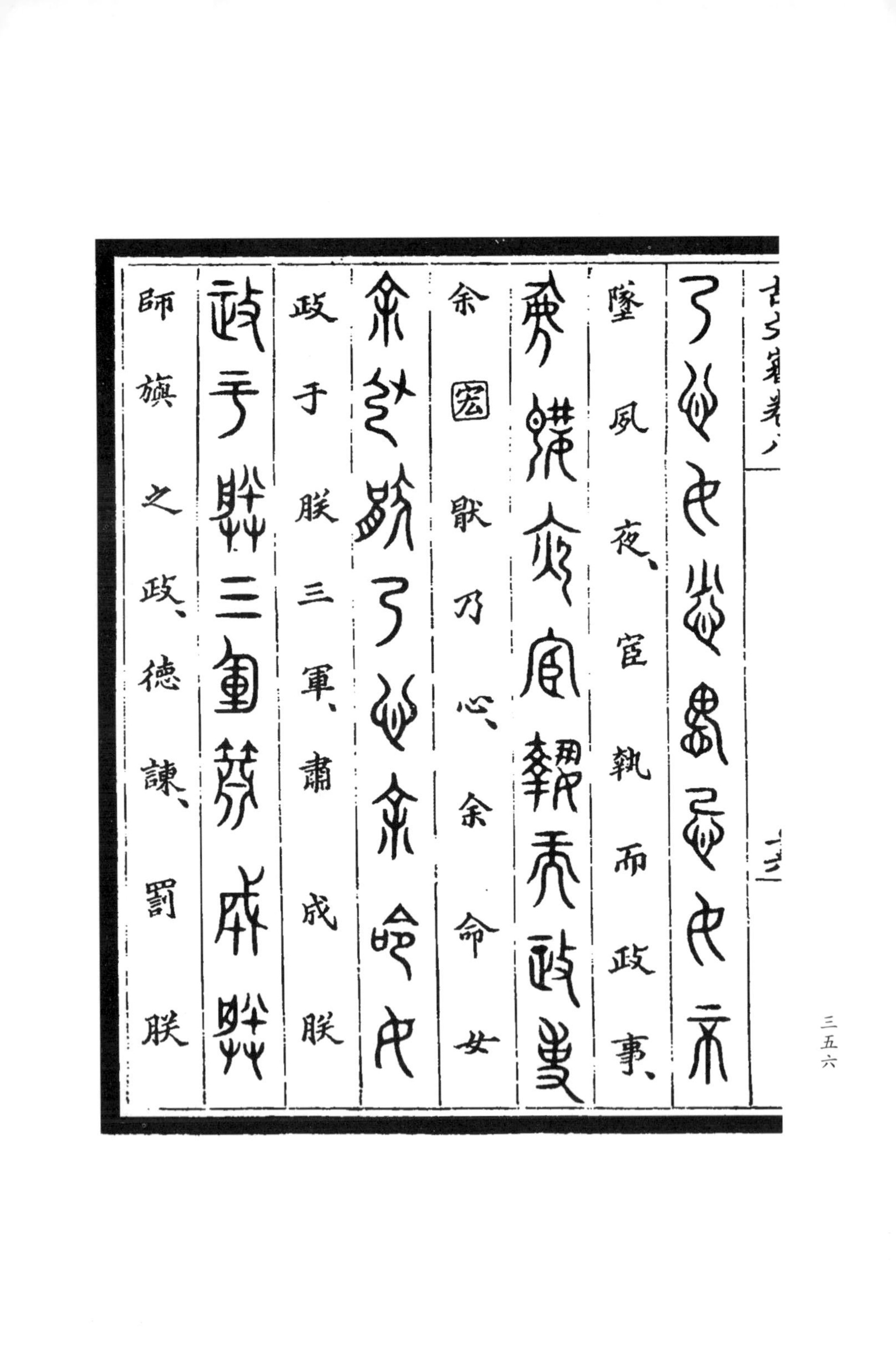

墜夙夜、宦執而政事、

余宏猷乃心、余命女

政于朕三軍、肅成朕

師旟之政、德諫、罰朕

庶民左右毋諱、叔弓不
敢弗敬懋戒、虔卹乃死
事、繆勠龢三軍徒衙旅、雩粵
乃行師、愼中乃罰、公

曰叒弓、女敬共恭辭命、女

應膺鬲饗公家、女恐巩恪愙朕

行師、女肇敏于戎攻、

余錫女釐都、[允]徙爵、其

縣三百、余命女治司辭茲釐邑

造、國徒三千千三、為女敵寮、

乃敢用拜䭫首、弗敢

不對揚朕辟皇君之

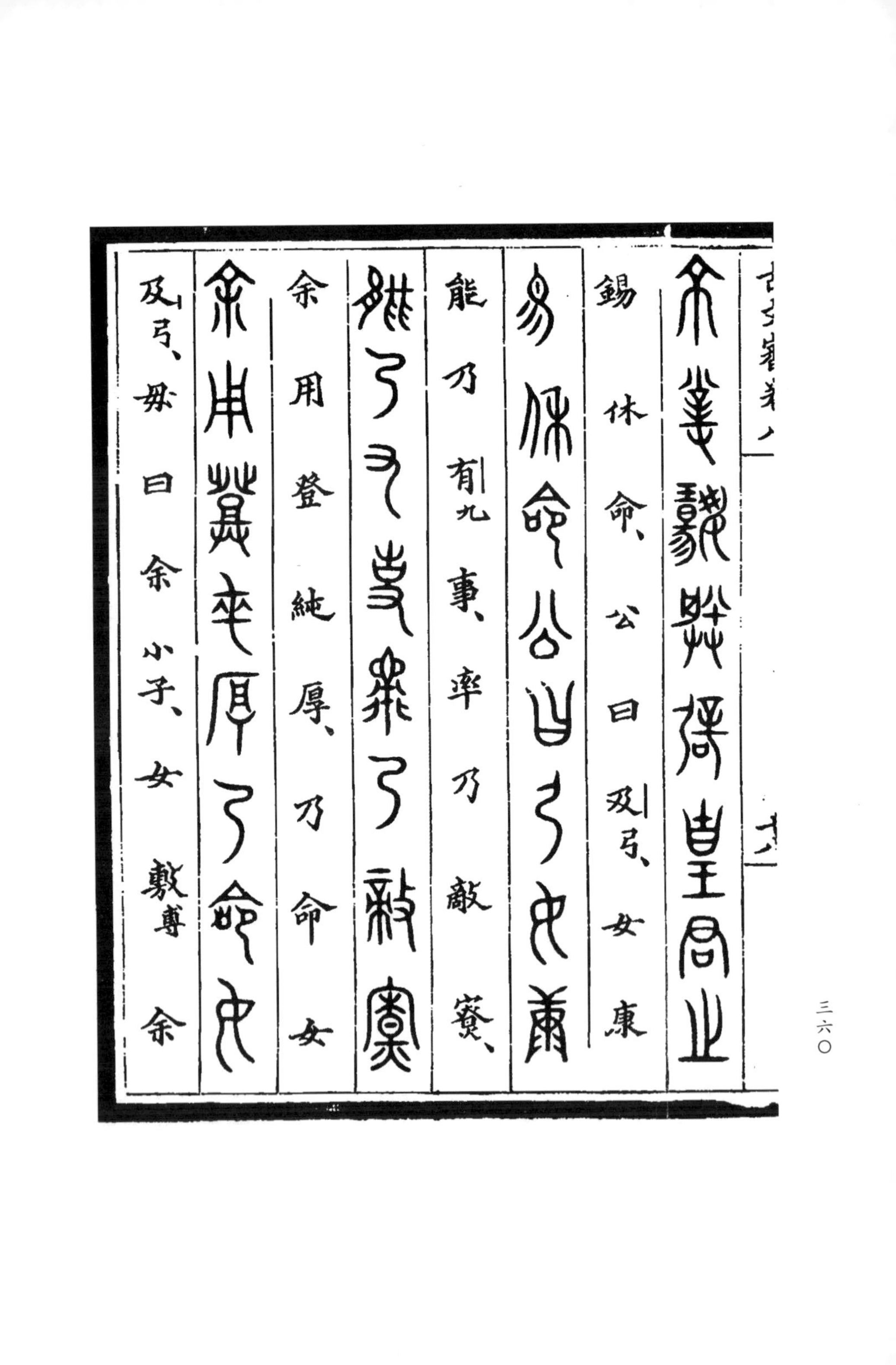

錫休命、公曰𠬝弓、女康

能乃有九事、率乃敵寮、

余用登純厚、乃命女

及弓、毋曰余小子、女敷尊余

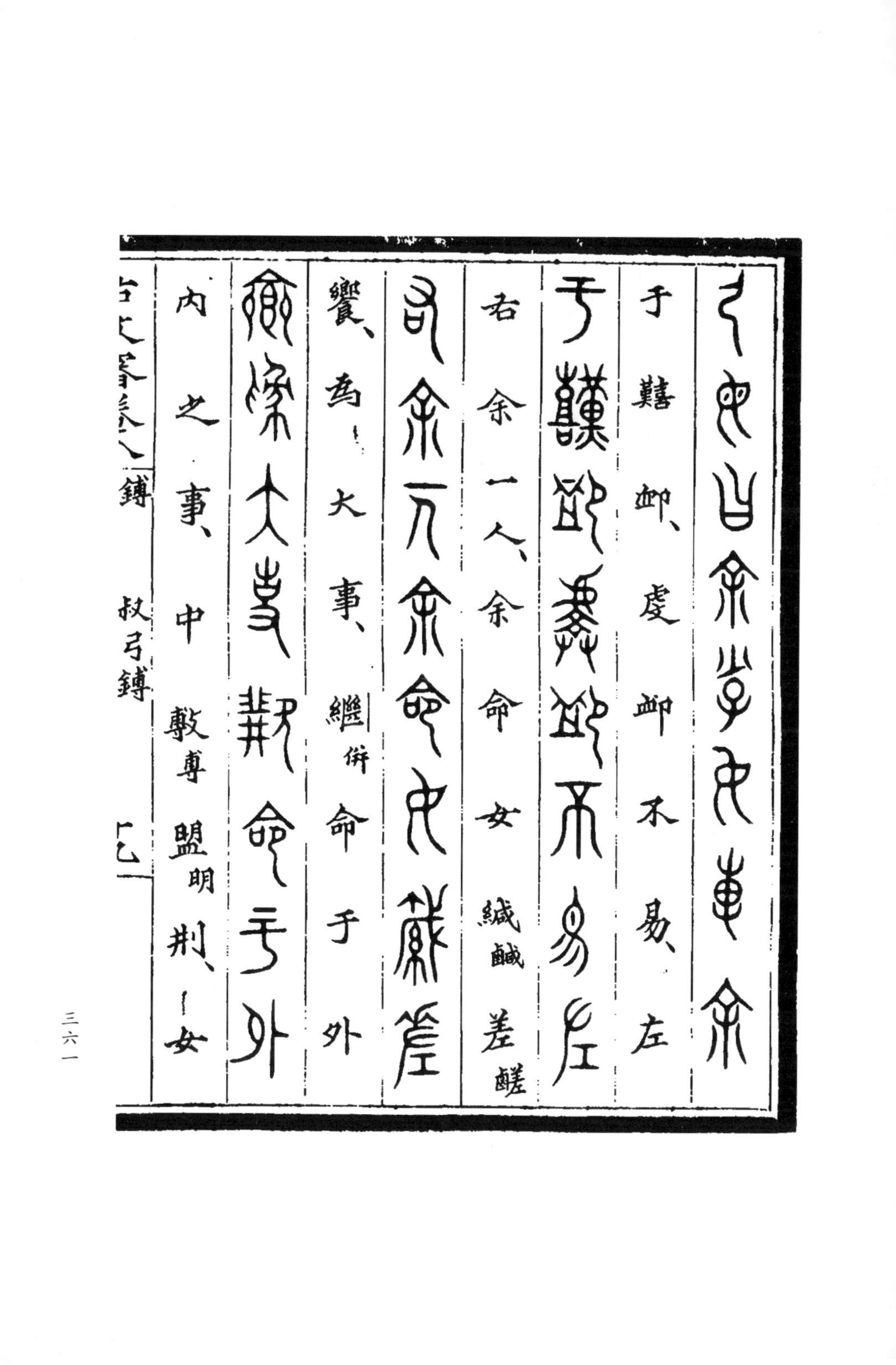

于龢卹、虔卹不易、左

右余一人、余命女緘鹹差鎈

饗、為大事、繼併命于外

內之事、中敷尃盟明刑、女

吕 敷尊 戒 公 家、應 卹

余 于 盟明、卹 女 吕 卹 余

朕 身、余 錫 女 車 馬 戎

兵、釐 僕 二百 文 五十 家、女

呂戒戎政作、叔弓用或敢

再拜䭫首、應膺受君公

之錫光、余弗敢廢乃

命、叔弓典其先舊、叔及其

叔弓鏄

高祖、虢之成唐秦、文敢在

帝所、數博受天命、刻嗣伐

履司敗、乃霝令師□伊小

臣惟輔、咸國有九州、處

咼堣之都堵不顯穆公之

孫其配

墽畏公之妣出而

鹹成公之女雩粤生叔及弓是

辟嬖于齊侯之所是小心

龔龏齊、靈力若虎、謹勤
恪慊其政事、有又共恭于公
所、敹擇吉金、鈇鎬錛
鋁、用作鑄其寶鎛、用

喜于其皇祖皇妣皇

母皇考、用祈眉貴壽、令

命難老、不顯皇祖其

作祚福、元孫其萬福純

匕福元孫其萬福年

魯鍛、穌協諧而有九事、俾若

魯穌敼而又事畀若

鐘鼓、外內開闓闢、都二俞二愈

鐘鼓外內闓闢都俞

造而朋倗剸、毋或承類、頪

造而朋剸毋或承類

女考壽萬秊、羕保其

躬人、俾百斯男、而埶揚斯

字肅、義、政正齊侯左右、

毋央泰毋已、至于業業曰、

武靈成、子子孫孫羕保

用亯、

淄涇淄水之津說文涇河津也尚書地理今釋淄水出令青州府益都縣岳山弓舊皆釋作及非銘中七弓字又云叔弓乃作器者名舊吕銘网言齊侯題為齊侯鏄未達銘意所主也貞隱園臨本改為齊及鏄亦未識弓字也令正之祖从且八乃叚組為祖也專班馬字類古敫字少心即小心舊皆釋作忠非古文少小通用左傳從我而朝少君釋文少本作小本銘下文毋曰余少子少吕惟輔皆小字也墜吕家為之球釋作佞非肅从竹从𣶒盖叚用簫球釋作綴非師旟即師旅庶球釋作乃非弓不敢之弓孫釋作乃非死孫釋作伊非勠舊皆釋

作穆球作戮此字从文从翏省齊侯鐘作𢦏即勠說文
勠幷力也此从文与力同意旅奮釋作衞孫作從此字
从㫃即㫃即小篆㫃詳吏尊本銘旗旂二字亦从之㫃
即者小篆作旅从𣏟即㫃亦即旅此又从辵乃行旅
字从辵旅會意古多用為旅祭樂司徒卣旅卣曾伯霥
簠旅簠可證也雩用為粵詳井侯尊應侯令義讀為膺
饗球𩱧辥梁釋作鬲楊作肅孫作歷案井侯彝饗于[illegible]
宮作鬲井侯尊用饗作鬲攸簋作鬲知古文饗从鬲从
皿与此从皿皆皿省也巩奮皆釋作恐此實巩字从
丮即丮即小篆之丮古刻中揚字夙字執字从之𢪏球
𩱧辥梁釋作恪非孫作奕亦夾協此為𢪏字用為𣗥詩
孔𣗥且殆箋𣗥急也巩𢪏即孔𣗥敏楊釋作動非戎从
十詳農卣九經字樣㠯為隷省非也攻同功繹山刻石
功戰日作金石文字記古人㠯攻功二字通用引此文
戎攻為證金石遺文録同金石存引荀子議兵篇攻完
便利楊注攻當為功國語辨其功苦韋注功与攻同是

也釐路史國名紀齊國釐城為來音心源案釐即萊周
礼獻人釋文釐本亦作萊國語齊語注萊今東萊水經
淄水注齊靈公滅萊禹貢所謂萊夷也禹貢錐指今萊
州登州二府皆萊夷之地從舊皆釋作□楊作膰詳大
敼從爵從封也縣楊釋作䄷非詳縣妃□門舊皆釋作
治楊作佸非此字从右乃司字省變而涉于右者牧敼
司徒作𤔲土可證也辝當讀茲釐邑二字合篆各家止
釋作釐非造孫釋作達非案頌敼監司新造作□秦子
戈作□皆与此同管子地員注造成也即此義敵寮同
寮也說文敵仇也仇即雔儔丹鉛總錄寮小窗也古人
謂同官為寮指其齊署同窗為義心源案說文無僚今
俗作僚非是九球黼辥梁釋作有非也九事不知何指
下文亦云緐諧而九事或云下文云國有九州即九州
之事或曰康能乃九事所謂九能也困學紀聞小學紺
珠引詩卜云其吉傳建邦能命龜田能施命作器能銘
使能造命升高能賦師旅能誓山川能說喪紀能誄祭

祀能語君子能此九者可謂有德音可㠯為大夫絾差即鹹鹺礼凡祭宗廟之礼鹽曰鹹鹺齊侯命弁弓饗祀其先人故曰為大事併舊皆釋作繼非詳郉敱盄楊釋作溫非說文作𥂝古文作𥂴即此盟荆即明荆禹貢孟津史記夏本紀漢書地理志作盟津溝洫志作明津又孟諸夏本紀作明都地理志作盟豬是明盟通用也㠯叚台為之古文㝬見作从攴从乜攴者致力之意舊釋為政非廢㠯灋為之詳史頌鼎承舊皆釋作及失篆形此字上从𦘒即聿下从𣶒說文作肅即此漢永安宮鼎作𦘒与此合奉舊皆釋作唐非此言弁弓兢〻恐懼㠯成奉齊侯之命也博字最明舊皆釋作敷非嗣𤔲辥楊孫渁竝釋作刻球作刪篆形文義均失此乃嗣字說文嗣諸侯嗣國也从冊从口司聲案此字从𠙴即日父癸彝日庚作☼象日光射出形即此日字下从冊即𣍘說文作𣍘告也是為冊命本字古文从日冊汗簡冊部作𣍘日部引光遠集綴作𣍘与此所从之𠕋合小篆从口

作𠕋又改从凷作冊故許亦不得其原腆古文作𠌷亦
从冊从丌本典字用為腆耳此冊从日不从曰之證也
嗣从𠕋即𠕋从ㄋ乃ㄋ之倒文而涉于刀者實非刀也
孟鼎嗣作𤔲是也ㄋ即司詳令鼎伐者功也履从足貝
說文履古文作𩔖即此敗从貫說文敗籒文作贁即此
司敗皇侃論語疏引孔安國云司敗官名也正義引左
傳楚子西曰臣歸死于司敗杜注陳楚名司寇為司敗
此言廾弓嗣其先人之功伐而履此司敗之官玩上文
罰朕庶民左右毋諱昏中乃罰中數明刑下文造而倗
剸皆司敗之事也令吕靈為之舊皆讀如本字非也業
靈令古字通用詩令終史頌鼎𩕳終追敢頌敢齊歸父
盤及本銘霝終皆是也廣疋疏證一所謂靈令同聲同
義也此用靈為使令字伊黼無釋辪楊作保球作少梁
作凡令从孫釋師伊人名輔从木汗簡引王庶子碑輔
字正如此廾弓為司敗又令師伊吕小臣為之佐貳也
國球黼辪楊梁釋作咸孫作或蓋據篆形定之齊侯鐘

弟三器作或即國字九州之州即莊子胠篋釋文所謂五黨為州二千五百家也舊釋誤呂下文堣為禹乃呂禹貢九州解之試思埶弓所受齊邑安得禹之九州乎堣从土从禹舊皆誤仞為禹禺禹古文通用字之籀文作寓即小篆寓字此从土禹即堣亦即隅堵从土即堵高處可居者也舊釋作都非此言埶弓所受之邑地有九州安處于海堣之堵也畏裘黼辪楊粱釋作墩孫作或棻郝公䥶鐘余畏龏威忌之畏作㽞乓武迊九經補韻冬官弓人畏音隈攷證引臯陶謨天明畏釋文馬融本作威是也畏公者威公也威公即桓公嬉字書不收即出呂屬母家言之故从女畏公之嬉謂其系出于桓公也左傳襄公我之自出亦此義成从食葢呂粢盛字為之據此銘穆公為埶弓曾祖考繹史田齊世系圖有穆子未知是否又攷太公世家齊成公子莊公莊公子釐公釐公子襄公桓公世次皆不合存疑可也龏同恭詳井侯尊齊詳齊侯櫑鈇詳伯晨鼎鎬說文溫器也鏻

球釋作鐀非御覽七百三十七引纂文秦人吕鈷鏻為銼鑹又八百五十一引埤倉錫鏻小釜也正韻鈷鏻温器業鏻亦作鉧柳宗元有永州鈷鉧潭記范成大驂鸞錄鈷鉧斂斗也潭之形佀之說本正字通鋁即鑢說文鑢鐋銅鐵也楚良臣鐘鏄鋁亦用鋁鏄在說文為鐘上金謣一曰田器别有鎛為大鐘鎛于之屬古文止用鏄知小篆始分也五經文字云鎛見礼經鎛田器亦就小篆為說耳祈从屮从斤即旂字詳晋姜鼎業說文管見引孫淵如說肯字依義从止止即㫃字當為旂字古文而說文吕為近字說文不言止為㫃之異文汗簡古文四聲韻皆無此語心源吕為孫說是也說文旅古文作㫃正从屮胡氏未之知耳賢詳鏄公簋諧舊皆釋作協非此字从入即比从卩即白从入即人又从言葢合偕字為之俾作畀詳晋姜鼎鐘作鍾五經文字云或用鍾為樂器是也都从戈与或同義此都下無二齊矦鐘弟四器作𨙵是二都字也舉舊釋作俞此即說文舉字倗

即朋友本字詳小子𦩞鼎寅簋劓說文刑鼻也或作劓此用為臬謂刑𤅊也言造作倗黨之刑類舊釋作類案說文類難曉也凡相類者難分曉亦類字也言毋或阿承其黨類即上文所謂罰朕庶民左右毋諱也人舊皆釋作身此明是人字辥書作身依博古釋文改也羕保人民文義自協揚用楊詳中尊𪓐釋作埶球辥孫梁作執兹非字肅猶愛威陸績周易述字愛也是也政即正泰舊皆釋作央非此字从二大說文泰古文作夳从大下从二古文凡重用字下一字省作二謂二即上一字也如元元作元二是也泰从大二即絫二大字而省者汗簡作夳古老子作夳蓋有所本也此作夳是古文泰字矣毋泰即老子所謂去甚去泰也枼即葉後裔也舊釋作業非